増補版

使える！
資金繰り表の
作り方

〈起業▶成長▶衰退▶再生▶事業承継〉
会社のステージに合わせた経営管理を

大森雅美 Masami Omori
株式会社アセットアシストコンサルタント

旬報社

はじめに

　本書は、一言でいうと「資金繰り表を活用した経営管理の勧め」です。「決算書の分析で経営管理をするのは実務にそぐわない」という経営者は多いのですが、その気持ちはとてもよく分かります。会社の存続は、「資金の維持ありき」ですから、経営管理の資料も資金繰りが直感的に分かるものがよいのです。その点、決算書分析や会計ルールからの資金繰りシミュレーションは、直感的に誰でも分かるというものではありません。私は、会計ルールでの決算書は、全世界共通のモノサシのようなものだと思っています。ですから、投資家や金融機関にとって、また税務申告においては、公平性があり、適切に判断しやすいモノサシ（基準）となるでしょう。しかし、日常の経営判断においてはどうでしょうか。

　経営というと、「決算書を基に、年間の目標を設定し、進捗状況を確認して達成に向けて全社で努力していく」というイメージがあります。

　経営者（トップ）は、何を使って経営判断を行ない、経営戦略を立てているのでしょうか。日常の資料が膨大で、判断しなければならないことも多いため、会社全体を統合、俯瞰した資料は、年度の決算書と月次の残高試算表だけという会社も多いはずです。さまざまな資料を基に経営戦略を立てながら、経営管理をするという綿密な行動は、煩雑な日常の業務に追われて、とりたくてもとることができないのが実情でしょう。だからこそ、自身で直感的に理解できる統合的な資金繰り表を通常時から準備し、早期の対応を図れるようにしておくことが重要なのです。

　私は長年、「財務管理面から全体を見ていく」という方法で多くの会社の経営をサポートしてきました。経営者と当事者意識をもって共に歩む方針を貫き通しています。だからこそ、本当に必要なツール（道具）が何なのかが分かってきました。難しいものでなく、シンプルで、直感的にかつ客観的に理解できるもの、それが経営管理に活かしていくことのできる資

金繰り表なのです。

　経営分析を行ない、戦略を立てるために会計知識をつける努力をするのも一つの選択肢ですが、事業を継続、拡大していくためには、ビジネスとしていかに会社に資金を確保するのかが重要です。しかも、中長期を見据えて借入比率を抑えた運転資金の確保と、内部留保の積み上げが重要だと思っています。そのためには、それを可能にする管理ツール（道具）が必要です。ぜひ、経営管理に活かせる資金繰り表を転ばぬ先の杖として活用していただきたいと思います。

〈増補にあたって〉

　『使える！　資金繰り表の作り方』は、2017年の刊行以来多くの方にご購読いただき、好評をいただいております。刊行後の社会・経済状況の変化を踏まえ、スタートアップ（起業）と事業承継時の活用方法を加えた増補版を刊行することといたしました。なぜスタートアップと事業承継の事例を加えたかといえば、一つには働き方改革に代表されるように「働く」という意味が経済環境や国の政策によって大きく変わり「起業」という選択肢が身近になってきたこと、今一つには中小・零細企業の経営者の高齢化、後継者不足による企業数減少という社会問題が顕在化しているからです。

◆なぜスタートアップに関心が高まっているのか

　会社に就職して忠誠心を持って一所懸命に働いて実績を重ね、主任、課長、部長、役員と出世を目指す。出世を目指さないまでも、定年まで会社に貢献して退職し、定年後は年金と貯蓄の取り崩し、低リスクの資産運用で悠々自適な老後を過ごす。ひと昔前なら実現可能な働き方とライフスタイルが今は難しくなってきています。

　終身雇用は今や過去の歴史のように語られ、転職に後ろめたさを感じる

人も少なくなり、働き方も多様化しました。この多様化は、当初は個人の
ニーズを尊重した柔軟な働き方を可能にするものとして期待され、転職紹
介会社、派遣会社が隆盛を極めることとなりましたが、現在では非正規雇
用の拡大、正規雇用との賃金格差という大きな問題を生み出しています。

　また、新卒・中途で希望の会社に正規社員として入社しても、労働基準
法に違反する過重労働をさせ過労死にまで至らせるブラック企業が問題に
なる等、ワークライフバランスを実現しながら自主的に責任感と向上心で
仕事をしようと考える人にとって、厳しい現実があります。

　雇用する側の中小・零細企業は、景気が浮揚しない中での人手不足と最
低賃金の上昇等による人件費の上昇で、雇用の確保と維持が難しくなって
います。また、中小・零細企業にとって残業規制は、契約通りの納期を
守れないという危険に繋がり、規制の及ばない経営者や管理役職者が長時
間労働で対応したり、受注を縮小せざるえないという事態も招いています。
なかには、残業をさせられないから、従業員に副業を推奨するといった本
業にとっては本末転倒な事例も出てきています。まるで負のスパイラルに
陥ってしまっているようです。

　こういった社会環境が働き方、生き方として「起業」という選択肢を身
近なものとしているのです。

　起業は誰でも、いつからでもできます。しかし、起業した事業を継続す
ることが重要なはずなのに、そこに焦点を当てて起業している人が少ない
ように思います。本書では、事業の継続に焦点を当てて、資金繰り表を活
用した事例を３パターン紹介します。「主婦のアイデアからの起業」、「見
切り発車でも挑戦する起業」、「前職から独立して起業」と、どれもよくあ
るケースです。

◆ 事業承継について
　わが国の全企業数359万のうち99.7％を占める中小・零細企業の経営

者の高齢化問題は、日本の少子高齢化を経済面で切り取った一面を示す顕著な問題です。経営者が高齢化しても引退できずにいるのはなぜか？を改めて考えてみましょう。

後継者不足といわれますが、それは単に後を継ぐ子どもや、生え抜きの信頼できる役員、社員がいないということではないと私は思っています。

中小・零細企業でも財務内容が良く、儲かっていて将来性もある、なおかつ特殊な技術も要らず、誰がやってもできる事業なら、引き継ぎたいという人や会社はきっと見つかるでしょう。そういった会社ならM&Aの売買でスムーズに承継できるでしょう。

しかし、後継者がおらず、企業数が減少し続けていることが社会問題となっているのです。つまり、多くの中小・零細企業は、諸手を挙げて引き継ぎたいと思う人や企業がない状態にあるということだと思うのです。

業歴が30年以上の会社であれば、バブル崩壊で資産の含み損を抱えてしまったり、失われた30年とも言われる間にリーマンショックや震災の影響で窮地に陥った時に多額の債務を負ってしまった会社も多いでしょう。また、仕事上のトラブル、市況の浮き沈みの際に、それを乗り越えるために借入れをして多額の債務が残っているなど、後継者がその債務を引き継ぐことに躊躇する財務内容である場合もあるでしょう。

そして経営者も、その債務を後継者が引き継ぐことを良しとしていない。だからこそ、現社長である経営者が高齢になっていても、自分の代でやれるところまでやるしかない、というのが実情だったりします。

黒字で将来性もあるのに後継者がいないので自分の代で廃業するしかない、という会社は、特殊な要因があることがほとんどです。特殊な技術、知識を習得していなければできないような仕事であったり、現社長個人の能力が仕事の支えになっており、他に真似や引継ぎができるようなものではなかったりする場合です。

日本全体の景気が良く、経済指標でGDPが10％以上の成長率がある状

況であれば、国内需要も高く消費も活性化しているでしょうから、先代の資産を元手に時間をかけて後継者が事業を承継して自分なりの事業と会社を作っていくことも可能かもしれません。しかし、今の日本のGDP成長率と景気動向の中にあってそれは難しいと言わざるをえないでしょう。

　そんななかでも、事業承継を成し遂げた事例を3パターン紹介します。「損益が黒字で純資産も黒字の会社」、「損益は黒字だけど純資産はマイナスの会社」、「損益が赤字で純資産も赤字の会社」です。

　スタートアップにおいても、事業承継においても、資金繰り表が一役を担うことができます。

　財務諸表を使って評価や銀行、納税交渉をしていては、相手の土俵で勝負をしているようなものです。資金繰り表を使って交渉することは、自社の事業内容を、お金の流れとともに説明し、交渉できる自社主導の強みがあります。

　ぜひ、経営を自社主導で強みを持って推し進めるためにも資金繰り表を作成し、活用していただければ幸甚です。

株式会社アセットアシストコンサルタント

大森雅美

目 次　〔増補版〕使える！ 資金繰り表の作り方

第Ⅱ部　資金繰り表を活用しよう

第Ⅲ部　事例で学ぶスタートアップ

第Ⅰ部 資金繰り表を作ってみよう

01 資金繰り表を作成する準備

　それではこれから一緒に、入出金管理をベースとした、経営に活かせる資金繰り表を作成していきましょう。資金繰り表は、「収支予定が分かればよい！」と安易に作成される事例が見受けられます。しかし、せっかく作成するなら、経営計画の立案から、実行、見直しのタイミングがみえ、即時に対応できる資金繰り表を作成したいものです。自分の会社経営に即したフォーマットを一度作成し、入力を始めていくと、その資料の活用効果には、目を見張るものがあることに気付かれることでしょう。

　では、そのような資金繰り表を作るにはどのような準備が必要でしょうか。用意すべき素材は以下のとおりです。

①預金通帳（記帳履歴）

②現金出納帳

③月次残高試算表

④決算書における損益計算書
（PL:Profit and Loss statement)

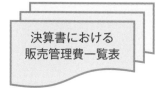

決算書における
損益計算書（PL）

⑤決算書における貸借対照表
（BS:Balance sheet)

決算書における
貸借対照表（BS）

⑥決算書における販売管理費一覧

決算書における
販売管理費一覧表

⑦決算書における製造原価報告書

決算書における
製造原価報告書

⑧各種納税通知書

各種納税通知書

⑨法人税申告書

法人税申告書

⑩消費税申告書

消費税申告書

⑪借入返済予定表

借入返済予定表

02 資金繰り表を作成する心構え

　"何のために、誰に向けて作るのか" を考えてみましょう。誰も活用しない無意味なものなら、無駄に時間を費やして作成する意味はありません。

　社内の経営陣に向けては、会社の資金計画を明確にして、事業を継続・拡大するための最大の武器となり、そして社外の投資家、銀行、取引先、ときには税務署に向けては、第一義的な証拠（エビデンス）となるものが「資金繰り表」です。

　なぜなら、入出金をベースに作成しているので、誰にでもシンプルに理解でき、かつ実績の数値はごまかしがきかないからです。会社の現預金の金額は、あるがままの数値と一致しているのですから、ごまかしようがありません。あるものしか数値化できないのです。

　実績を基に数値化されるアベレージとしての予測数値は、特別な材料のエビデンス（たとえば、法改正にともない、その法律を遵守するためには、○年○月までに導入が絶対に必要な商材を売っている場合や、逆に○年○月以降は使用できない商材を売っている場合など）が出てこないかぎり、過剰に増減する予測を立てることのほうが難しいのです。つまり、その時の心情や経営計画の進捗がどうであれ、実績に基づくアベレージ数値はその時々で真摯に受け止めるしかないのです。また、エビデンスのない数値予測を無理に入れようとすれば、予測が希望的であれ、悲観的であれ、資金繰り予定表が成立しなくなります。

　そんな客観的で信頼度の高い、活用できる資金繰り表を作成していきましょう！

　資金繰り表には、日繰り表で日ごとに入出金を管理していくものから、週次、5-10日管理、月次管理があります。また、業種、事業規模によっ

[図表] 誰にむけて作るのか

て入金サイト（期間）、支払サイト（期間）が異なりますし、入金、支払
の種類には、現金が多い会社もあれば、手形での受け取り・支払がある会
社もあります。自社の事業にあった資金繰り表を作成し管理していくこと
が必要です。

　いずれの業種、事業規模においても必要なのは、「月次資金繰り表」です。
月次の資金繰り表は、社内における資金管理に役立つだけでなく、社外の
関係者に対して説明する際の資料にもなります。会計ルールに基づいて取
りまとめられた決算書や月次残高試算表では資金の流れが分かりにくいで
すし、CF（キャッシュフロー表）は増減で表記されているので実感がつか
めません。会計ソフトで資金繰り表を作成できるものもありますが、その
フォーマットは経営の見直しに資するような構成にはなっていません。

　会計ソフトは日々進化し優秀なのですが、状況を実感としてつかみ、即
時に経営方針の見直しに対応できるようにするためには、アナログに感じ
るかもしれませんが、自社の事業にあった資金繰り表を作成しておくこと
が重要です。

第Ⅰ部　資金繰り表を作ってみよう

03 月次資金繰り表の概要

　では、いずれの業種、事業規模においても必要な「月次資金繰り表」を作成して行きましょう。月次資金繰り表は、資金管理、経営計画の実行・見直し、社外への交渉の資料として『軸』となるものです。月次資金繰り表は、実績を基に通期1年分を基本とします。実績を1枚、通期予定を1枚と、2枚作成し、管理するのがオーソドックスな方法です。

　どんな事業規模の経営者であれ、次年度の年商はいくらぐらい、という感覚的な計画は持っているはずです。年次計画をある程度立てているなら、月次資金繰り表は、その進捗を見ながら即時修正に対応できるようにしておいたほうがよいと思います。

　そこで、私がお勧めしたいのは、1枚の資金繰り表で管理する方法です。

　実績月を基に平均値を算出しながら、次月以降を平均値で通期分各項目を入力して年間実績予測も月次で管理していく方法です。

　全項目を平均値で通期分入力する必要はありません。各小計に平均値を入力して通期分を作成すればよいでしょう。この方法なら、直観的に1枚の資金繰り表で、年次計画の利益・経費の達成率を比較でき、方針の修正もしやすくなります。

　それでは項目ごとに順次説明していきます。

▌売上

　売上では、以下の5利益を意識して作成し、経営計画の実行進捗と見直しが即座にできるようにします。

　損益計算書（PL）は、売上として計上するタイミングは業種・会社によって異なります。

[図表] 5 利益

売　上

売上総利益（粗利）

営業利益

経常利益

税引き前当期利益

当期純利益

　飲食や物販の業種で商品を顧客に提供すると同時に現金で入金される場合は、売上と入金が同時で、損益計算書（PL）の売上と資金繰り表の売上（現金）が一致します。しかし、飲食や物販でも提供する量（グロス・ロット）が多かったり、定期的になると、顧客は後でまとめて支払うことを希望するようになります。そうすると、提供する側の売上は売掛金となり、損益計算書（PL）の売上と資金繰り表の売上（現金）のタイミングがずれることになります。

　また、工業品の受注や、制作会社の受注、建設・建築業の請負は、契約時に売上として計上せず、未製品・未成工事等の仕掛りとなり、納品後・完成引き渡し後に売上を売掛金として計上する場合があります。つまり、着工しても売上として計上するまでタイムラグがあるだけでなく、受注から入金までの期間がとても長くなります。ポイントは、会計上のPLの数値を見て一喜一憂する必要はなく、実入金を重視しよう、ということです。「会計上の売上」イコール「入金された金額」ではないのです。

● 売上総利益（粗利）、営業利益

　売上総利益（粗利）についてはパーセンテージで検討する場合が多いと

思います。売上から原価を差し引いた数値が、売上に対して何パーセントなのかを検討するわけです。それは経営指標としてはよいのですが、定義がバラバラで客観性にかけるように思われます。

　原価の中身は業種、会社の規模や会計の方針によって異なります。材料仕入がある業種では、どの会社も材料仕入は間違いなく原価の項目にすると思いますが、労務費はどうでしょう。現場や工場の社員・従業員は原価労務費（給与・法定福利費）、事務所内の社員・従業員は販売管理費の人件費（給与・法定福利費）としている会社は多いでしょう。同業種でも販売管理費の人件費として全て計上し、原価労務費を使っていない会社もあります。外注費も諸経費（管理諸費）も同様ですが、支出されるお金を原価、販売管理費のどちらに入れるかは、それぞれの会社の実態と方針によって異なるのです。

　つまり、自社の業界ではだいたい何パーセントが粗利の目安である、として原価項目を調整することも可能なので、客観性に欠けるように思うのです。

　また、原価項目においては支払発生後、即支払（出金）となるケースは少ないでしょう。買掛金として支払発生時に原価として計上されますが、実支払（出金）は、数日から数カ月後になるケースが多いのです。そうすると、製造原価およびPLの原価の数値と資金繰り表の原価項目の数値（現金）は一致しなくなります。

　以上の2つのことからも、会計上の数値だけで粗利が高い低いと一喜一憂し、粗利率改善の話をするのでは誤った判断と戦術に陥ってしまう恐れがあります。経営指標の一つとして粗利の向上をパーセンテージで改善の話をするならば、少なくても営業利益のパーセンテージと合わせて話をするようにしたいものです。粗利益について資金繰りで重要なのは、パーセンテージより金額と支払いのタイミングなのです。PL上、粗利益がプラスで、営業利益もプラスを示しているにもかかわらず、資金繰りが厳しい

のであれば、原価の支払期日の見直しや支払金額の分割を検討し、支払可能な金額を資金繰り表から計算して取引先と交渉すべきです。

● 経常利益

　営業利益と経常利益のあいだにある項目は営業外収支です。営業外収支は財務収支、投資収支と合わせてみていくほうががよいでしょう。営業外支出で重視な項目は支払利息になるでしょう。財務収入の借入額が増えれば、支払利息が増えることに連動するのは言うまでもありません。この項目では会計の計上と実支払（出金）額がタイミングによって異なることはありません。資金繰り表を１枚のシートで直観的に分かる資料にしておけば、支払利息の増加を考慮して借入の判断をする際にも役に立つでしょう。

　営業外収入は、投資支出の儲け（リターン）ととらえることが重要です。銀行や信金信組を使っていると営業外収入の項目に預け利息や配当が出てきますが、経営判断の材料にはほとんどならないでしょう。会社に内部留保できているお金は、そのまま寝かしておくのでは経営効率が悪いと考えます。事業に再投資すべく本業（営業利益）までの各支出項目へ資金を使っていくことを勧めたいと思います。

　しかし、仕入れや、外注を増やしても売上増加に結び付きそうもない、社員の給与や賞与を増やしても売上増加に結び付きそうもない社内環境だと経営陣が判断するのであれば、資産への投資に向けるという選択肢が出てきます。設備投資は、長期にわたる売上からの回収を見込んで一般的には低金利の借入を選択する経営者が多いと思います。では、営業外収入は内部留保の資金をどう活かしたものでできるのでしょうか。「本業以外の収入」がキーワードとなります。

　つまり、本業以外の収入とは、家賃収入であったり、投資先からの配当といったものです。その収入を得るために内部留保を活かしていくのは正しい戦略といえます。ただ、ここで注意したいのは、投資と営業外収入の

シミュレーションだけで儲かると判断して本業の運営のための手元資金を薄くし過ぎてしまうことです。薄くし過ぎてしまったために事業継続のための借入をし、借入比率を上げてしまう結果にならないようにしなければなりません。資金繰り表で本業を軸とした全体の資金の流れ、特に翌月繰越金額の残高の推移を注視しながら判断していきましょう。

　経常利益は"けいつね"と言われて親しまれた言葉で、経営者は重要視します。それは意識している、していないにかかわらず本業＋財務・投資戦略の「経営」の結果として出てくる数値だからでしょう。経営者にとっては、その力を数値化したものといえます。会計ルールでの経常利益の数値だけでなく、純キャッシュの積み上げとして、資金繰り表での経常利益の継続の延長線上にある、会社の資金を積み増していることを示す必要もあります。

● 税引き前当期利益

　経常利益と税引き前当期利益のあいだにあるのは、特別利益と特別損失です。この項目には実入出金をともなう記載は少ないかもしれません。それは、この項目が貸借対照表（BS）の資産の売却、負債の減免という特殊な事情を反映した項目になるからです。特別利益で実入金をともなうのは、会社の資産が決算書に記載されている金額より高く売れた時や、負債の免除を受けた時など、日常的にはあまりないことが発生した時です。

　ここで注意したいのは、実出金をともなわずに特別損失を使う場合です。決算書の資産の部において、実際にはもう資産価値のないものがあり、それを正しく評価し直して実際に合わせた数値にする時に、資産の減少分を特別損失に計上して正していく場合があります。しかし、その損失はPLに記載できても税務上は損金として認めてもらえない場合があるのです。損金として認められなければ、その計上分の金額には税の軽減効果はありません。あまり使われる項目でありませんが、注意は必要です。

特別損益の項目も会計ルールにとらわれすぎずに、実入出金の有無を重視して、資金繰り表で営業外収支の項目を使って管理したほうが事業の運営において分かりやすい資料となるでしょう。

● 当期純利益

税引き前当期利益から当期純利益のあいだには、法人税等があります。会計ルールの項目としては、何も注意すべきことはありませんが、資金繰り管理の視点からは注意が必要です。当期純利益の金額が儲けとして会社の純キャッシュの積み上げと一致しないということです。5利益の各項それぞれで計上数値と実入出金の数値がタイミングによって一致しないことは述べてきました。ですから当期純利益についても、計上されている当期純利益の数値が純キャッシュの積み上げと一致しないことはだいたい理解いただけるでしょう。大事なので繰り返しますが、当期純利益の金額分が会社のお金として増えているわけではないということです。

会計数値は、経営の指標の一つとしてとらえて経営計画に活かして欲しいと思います。

視点を変えて会社の儲けと実際のお金のあり方をみる時、消費税に着目してみましょう。貸借対照表（BS）の負債には未払消費税としてありますが、損益計算書（PL）には出てきません。会社の実際の入出金においては大きな支出（出金）をともなうものですが、会計ルールにおいては儲けとは関係ないものととらえられるからです。このことからも、BS、PL、CF（キャッシュフロー表）を読み解きながらお金の流れを把握して経営計画を立案・実行するよりも、実入出金から資金繰り表を作成したほうが事業運営は分かりやすくなるのです。

事業の運営を、資金繰りからの視点で経営計画の立案・実行・修正することを考えると、資金繰り表を直観的に分かりやすく作成することの重要性がご理解いただけることと思います。

第Ⅰ部　資金繰り表を作ってみよう

21

▎ 納 税

　消費税、源泉所得税、社会保険料、労働保険料、固定資産税等を管理します。

　損益計算書（PL）の項目は当期純利益までですが、資金繰り表では、当期純利益の下の欄に納税計画を入れておくことが事業継続の要となります。

● 消費税

　各納税とも、分納が必要な場合は、販売管理費内で管理するより、資金繰り表に納税項目を作って管理していくほうがよいと思います。安易に借入をする選択をしないためにも、必要な項目（欄）になります。

[図表] 納税

	適用項目	合計金額	対売上比率
	当期純利益金額	0	％
税金等	（源泉所得税）※1	0	％
	（社会保険料）※2	0	％
	労働保険料	0	％
	（固定資産税・自動車税等）※3	0	％
	消費税	0	％
	税金等支払合計	0	％
税支払い後の自由資金（フリーキャッシュ）		0	％

※1：源泉所得税は、販売管理費の中で、給与から控除され、会社にとっては預り金となるため、販売管理費の中の給与項目は、差し引いた金額を入力したほうが正確になる。

※2：社会保険料は、販売管理費の中で、法定福利費の項目で出金額を管理するのであれば、二重に出金額を計上してしまうから注意！　どちらか一方で項目を作成・管理する。
　　源泉所得税とともに、給与項目とも注意が必要。

※3：租税公課で販売管理費の中で管理するのであれば、二重に出金額を計上してしまうから注意！　どちらか一方で項目を作成・管理する。

▌財務収支

　借入が必要だと思った時、「本当にその借入が必要なのか」、「借入額は適切な額なのか」、「返済計画を適切に見込んでいるのか」を見極めます。

　また、既存の借入がある場合には、返済額が本業の利益から返済するには、多すぎていないかを見極めます。多すぎているのならば、適切な返済額をこちらから提示して、借入先と借換えを使った返済計画の見直しの交渉に入りましょう。

[図表] 財務収支　納税後の資金で返済計画を立てる

<table>
<tr><th colspan="3">適用項目</th><th>合計金額</th><th>対売上比率</th></tr>
<tr><td colspan="3">税支払い後の自由資金（フリーキャッシュ）</td><td>0</td><td>％</td></tr>
<tr><td rowspan="10">財務収支</td><td rowspan="5">収入</td><td>金融機関借入　短期</td><td>0</td><td>％</td></tr>
<tr><td>長　期</td><td>0</td><td>％</td></tr>
<tr><td>その他（売却等）調達</td><td>0</td><td>％</td></tr>
<tr><td>借入（未収・預金・仮受）※1</td><td>0</td><td>％</td></tr>
<tr><td>財務収入合計</td><td>0</td><td>％</td></tr>
<tr><td rowspan="5">支出</td><td>金融機関借入　短期</td><td>0</td><td>％</td></tr>
<tr><td>長　期</td><td>0</td><td>％</td></tr>
<tr><td>その他（売却等）返済</td><td>0</td><td>％</td></tr>
<tr><td>返済（未払・仮払）※2</td><td>0</td><td>％</td></tr>
<tr><td>財務支出合計</td><td>0</td><td>％</td></tr>
<tr><td colspan="3">財務収支合計</td><td>0</td><td>％</td></tr>
</table>

残高試算表からの各項目をそのまま入力した際に、翌月繰越金額と現預金残高が合わない場合の調整は、財務収支欄で調整する。

※1：翌月繰越金額＜現預金残高の場合は、財務収入に（未収・預金・仮受）項目を作成して差額を入力して足す。
※2：翌月繰越金額＞現預金残高の場合は、財務支出に（未払・仮払）項目を作成して差額を入力して引く。

投資収支

　増資の予定や、すでに他社に投資しているものの回収がある場合には、投資収入に実入金額を入力していきます。すでに投資したものの儲け（リターン）は営業外収入に入力し、回収元本を投資収入に入力すると理解がしやすくなります。

　内部留保の使い道としては事業再投資を第一に考えます。しかし、再投資の環境になく、本業以外で収益を得る選択をする場合は、「投資ありき」で判断しないように、財務収支の後に「投資収支」の欄を設定するようにします。財務収支の前にこの欄を配置すると、直観的に投資ありきで考えが先行し、手持ち資金以外に借入を使ったレバレッジ（てこの原理）で大きな利益を求めてしまうこともあります。

[図表] 投資収支

投資収支は、財務収支の後に設定する。増資の可能性や投資余力のない状況なら事業に集中し、借入の選択を安易にしないように、この欄を作成しないほうがよいこともある。

		適用項目	合計金額	対売上比率
		税支払い後の自由資金（フリーキャッシュ）	0	%
財務収支		財務収入合計	0	%
		財務支出合計	0	%
		財務収支合計	0	%
投資収支	収入	A社　増資	0	%
		B社　回収	0	%
		収入（回収）合計	0	%
	支出	設備投資	0	%
		B社　投資	0	%
		支出合計	0	%
		投資収支合計	0	%
		当月資金過不足	0	%

　本業を維持・拡大できる手持ち資金を確保したうえで投資するように気を付けましょう。

　本業が厳しい状況になりつつある、または、もうすでに厳しい状況であるならば、たとえ内部留保があり借入可能で状況があったとしても、本業以外の収入を安易に期待して投資すべきではありません。そのような状況の時には、「投資収支」欄を資金繰り表に入れないほうがよい場合もあります。

繰り越し現預金

　「翌月繰り越しの現預金がいくらあるのか」これこそが、事業継続の鍵と
なります。仮に翌月に売上入金が入らないとしても、繰り越し金額で、翌
月支払いの全てが確保できていることが理想です。しかし、全てが確保で
きないとしても、人件費までは確保できているのか、取引先支払いまでは
確保できているのか、納税、返済までは確保できているのか、どこまでを
カバーする資金があるのか確認しておきましょう。

　月次残高試算表の貸借対照表から現預金総額の月次支出現預金（当月貸
方）以上の金額が、翌月繰越残高としてある状況をまずは目指しましょう。

[図表] 繰越し現預金

適用項目		合計金額	対売上比率
税支払い後の自由資金（フリーキャッシュ）		0	％
財務投資収支	財務収入合計	0	％
	財務支出合計	0	％
	財務収支合計	0	
	投資収支合計	0	％
当月資金過不足		0	
月初繰越現預金		0	
当月末現預金残高		0	

現預金の照合

　翌月繰越残高と現預金がぴったり合っていなければ、資金繰り表の信用度が担保されません。ぜひ、「照合」欄を作って資金繰り表の信頼度を高めましょう。

[図表] 現預金の照合

適用項目	○○月	合計金額	対売上比率
当月資金過不足	0		
月初繰越現預金	0		
当月末現預金残高	0		

○○銀行　○○支店　当座	
○○信用金庫　○○支店　当座	
○○信用組合　○○支店　当座	
当座残高　小計	
○○銀行　○○支店	
○○信用金庫　○○支店	
○○信用組合　○○支店	
普通預金残高　小計	
現　金	
合　計	0

毎月の「当月末預金残高」と実際の「各通帳残高及び現金の合計」は、必ず合わせること！　期の最終月の残高を合わせたら、その右の合計金額・対売上比率の欄は照合する対象項目ではないので、記載しない。

Column　資金繰り表を作成しない理由

　売上規模の大小にかかわらず、法人であれば決算申告が必要です。個人事業主でも確定申告は必ずしなければなりません。税務申告は、職種を問わず事業を行なう者が必ずやらなければならない数値の集計作業です。申告のために1年間もの資金の流れ全てを申告月にまとめて集計することは、入出金がよっぽど少ない取引数で事業がなりたっている場合以外は難しいでしょう。だからこそ、日々の資金の流れ、どんな内容のお金が入ってきたのか、何の目的でお金を支払ったのか、取引が溜まりすぎて取引を抜かしてしまうことがないように、こまめに帳簿に記録していく必要があるのです。記録するペースは、定時、日々、週次、月次と事業の規模・種類によって違うでしょう。記録・集計するためのシステムも人員も違うでしょう。社内システムもPOS集計も会計ソフトもこの記録と集計の作業を簡易にし、かつ正確にするためのものです。

　この記録と集計だけで税務申告することもできるでしょうが、そうする人は滅多にいないでしょう。

　「システムや会計ソフトの入力が間違っているかもしれない」、「もしかしたら節税できるのに税制度の知識がなく見逃しているかもしれない」という心理が事業者には働きます。そこで、公認会計士や税理士の先生にお願いして申告してもらう。というのが一般的でしょう。この税務申告から、会計ソフト・システムの導入、税務の先生についてもらう、という一連の事象・行動が「資金繰り表を作成しない」理由になっていきます。

　つまり、「数値の記録・集計の目的である税務申告は大丈夫。会計システム・ソフトは経営状態を集計して示してくれるので経営判断に役立つ資料はある。税務の先生を顧問についてもらっているから諸事についてアドバイスももらえる。これですべて大丈夫。」したがって「資金繰り表をわ

ざわざ作る必要はない」となるわけです。

　いえいえ、見落としています。この一連の事象・行動の目的は税務申告ということに端を発しているので、経営判断の資料もアドバイスも、申告を前提とした会計ルールから出てくることになります。しかし、税務の先生も会計からのアドバイスはしますが、経営戦略のアドバイスをすることは少ないでしょう。資金繰り表の目的は、事業の存続と拡大のための指標（資料）とすることにあります。税務申告とは目的が違うので作成するルールも違います。経営戦略のアドバイスも会計を得意とする先生に相談するのは、お門違いかもしれません。

　昔の人はどうしていたのでしょう。取引を帳簿に付けていく行為は、商売（商い）というものが世の中に誕生したときからされてきたことでしょう。お金の管理をする必要は昔も今も変わりませんが、今のような申告を前提とした会計ルールがあったわけではありません。資金繰り管理のために必要性に迫られて商売人（事業者）が行なってきたことです。事業の基礎なのだと思います。

　今、資金繰り表を会計帳簿と別に作っている会社は少ないと思います。会計ソフトの普及によるものでしょう。会計ソフトでも資金繰り表が作成できるようにしたものがあります。しかし、残念ながら、会計項目を使い、会計ルールを維持しながらでは、その会社あった分かりやすい資金繰り表の作成はできないのです。申告を基にした会計ルールと、事業継続のために資金の流れに特化した資金繰り表ではルールが違うのですから、無理に合わせようとすれば、その成果物は、どうしても分かりにくいものになってしまいます。あなたは、会計ルールの資料を使って資金繰りの管理をしていませんか。事業を継続するためには、資金繰り表を基に経営方針を決定していくことをお薦めします。会計資料を見たかぎりは優秀だけど、資金繰りは苦しいという会社になってしまわないようにしましょう。昔の商売の言葉にあります。「勘定あって銭足らず」今こそ注意しましょう。

04 フォーマットの作成

　それではフォーマットを実際に作成していきましょう。決算書の項目を「資金繰り表」の各項目名にしておくことで、資金繰り表の活用効果はグンとあがります。経営計画の実行進捗チェックから、計画の見直し、経費の削減計画にまで活用できるようになるのです。

　ファーマットサイズは、全ての項目を並べると必然的に大きく長くなるので、印刷時にA3で出力できるようにA3で設定します。　※巻末資料参照

▶ 資金繰り表は、下記のサイトからフリーに使えるフォーマットデータがダウンロードできます。
http://masami-omori.com/

▌ 材 料

　作成にあたって必要な素材は以下のとおりです。

①預金通帳（Web取引履歴）

②借入返済予定表

③決算書における損益計算書

④決算書における販売費及び
　一般管理費内訳書

⑤決算書における製造原価報告書

製造原価

⑥各種納税通知書

納税通知書

▍分 類

　項目を大中小に分類すると以下のようになります。

　エクセルのソフトを使って、フォーマットの項目ができれば、右列を各月にして1年分作成すれば月次資金繰り表のフォーマットが完成します。できるだけ通帳、現金出納ベースで入力していくことで、資金繰り表の精度が増していき、その活用が計画の実現性を実感させてくれるようになります。

[図表] 大分類

大分類	備　考
経常収支	キャッシュで本業の利益が出ているか否かを判断し、営業目標、経費予算、入金・出金のサイト（期間）を随時見直せるようにする。
納　税	本業からのキャッシュの利益から納税できるようになっているかを判断。キャッシュの薄い時期にまとまった納税時期が重なっても、資金が確保できているようにする。
財務収支	納税後の資金で既存の返済ができるかを判断。安易な借入をしないように注意しよう。
当月過不足	全ての入出金の後にキャッシュの積み上げができているかを判断しよう。納税時期や、社債の償還時期、賞与支払時期は当月だけでみれば、キャッシュがマイナスになるのは当たり前。通期でキャッシュが積み増せるようにしよう。
前月繰越	月初資金を常に確認しよう。
翌月繰越残高	翌月繰越残高が積み上がるような経営を目指そう。翌月の総支払金額以上の金額がこの欄にあることをまずは目指そう。

大分類	中分類	備　考
経常収支	営業収支	営業利益のキャッシュに注目する。売上入金から材料、経費の支払まで本業の稼働に必要な支払をカバーしている。入出金でプラスになることを目指す。
	営業外収支	利息の支払に注意。本業の利益から利息を支払うことが可能な状態であるかを判断。また、財務収支、投資収支と合わせて安易な借入や、投資をしないように注意して数字を確認・検証していくことが大事。
納　税	税金等	法定福利費や、租税公課が販売管理費と二重にならないように項目を注意しておく。
財務収支	財務収支	税引き後に、キャッシュの取り崩しになるような元金返済になっていないかを注意。財務戦略も経営の重要なポジションだ。
	投資収支	翌月繰越残高が順調に積み上がるようになり、さらなる拡大を目指そうとする時に、投資案件のリターンだけで判断せず、投資金額を支出しても本業に影響を及ぼすリスクを避けた金額の設定をしたい。

[図表] 小分類

大分類	中分類	小分類	備　考
経常収支	営業収支	売上入金	入金金額を入力。
		原価支払	出金金額を入力。
		売上総利益（粗利）	率だけでなく、金額を重視。
		販売管理費	出金をともなわない経費は資金繰り表には入れない。減価償却費等の出金がともなわない経費は項目から抜く。また、税払い項目と二重にならないように注意。
		営業利益	率だけでなく、金額を重視。
	営業外収支	営業外収入（特別利益）	本業以外の入金額を入力。
		営業外支出（特別損失）	利息に注意。本業以外の支出で実出金があったものを入力。
		経常利益・税引前利益	率だけでなく、金額を重視。
		法人税等	この項目は決算項目と合わせておくと経営計画が立てやすくなる。
		当期純利益	率だけでなく、金額を重視。
納　税	税金等	その他税金等（納税計画）	販売管理費の項目と二重にならないように、法人税等以外の社会保険料、その他税金を項目にし、納税計画を立てよう。
財務収支	財務収支	借入入金	金融機関だけでなく、代表者借入などがあれば、すべて入力。
		返済支出	返済出金したものはすべて入力。
	投資収支	投資収入	投資の回収や増資分を入力。
		投資支出	設備投資や他社への投資、貸付金もこの項目に入力しよう。

05 作成の個別ポイント！ここがみそ!!

　まずは、実績を基に資金繰り表を作成していきましょう。各月の残高試算表、銀行通帳（取引明細）、現金出納帳から、各月の実績を項目に入力していくのですが、まず３カ月から６カ月を入力していきます。もちろん現時点からさかのぼって作成していってもかまいません。

　次に、実績に基づく３カ月から６カ月の各項目のアベレージ（平均値）をベースにして、その数値を残月に入力して年間予定資金繰り表を作成していきます。

　業種によっては、プロジェクトや長期工期の受注など、まとまった大きな金額の入金時期が数カ月先に確定していることもあるでしょう。支払いにおいても、支払手形などを発行していれば、支払時期が明確になっています。税金においても、決算月の２か月後や、決算後６カ月の中間期にくる納税などは、予測が立てられます。財務収支においても、長期の約定返済以外の社債の返済時期や、短期融資の返済時期は明確になっています。そういった予測ができるものや、確定しているものを、さらに年間予定資金繰り表に入力していきます。そうすることによって年間資金繰り表の精度が増して、対応時期も明確になっていくのです。

　また、実績を基に１年間のキャッシュベースの資金繰り表が完成すれば、翌年以降の経営計画、目標設定に大いに役立つことになります。

　次年度の資金繰り表は、前年実績を基準にして翌月繰越金額が上回るように予定をたて、前年売上対比が分かるようにしておきます。ただ、各項目すべてを前年対比で作成すると、表に情報が多く盛り込まれすぎてかえって見にくくなってしまいます。そこで、前年売上対比ができるように、次年度の売上の上に前年売上欄を設けておけばよいでしょう。エクセルで

作成しておけば、シートをコピーするだけで次年度の資金繰り計画表は簡単に作成できます。前年売上欄を一行加えればよいだけなので簡単です。

▌売上（入金）

　売上に入力する金額は、あくまで入金金額です。通常の会計仕分けでは、業種によっては売上計上するタイミングを調整しやすいという危うさがあります。つまり、資金繰り表を作成するには、「売掛金という項目は入れない！」ということがポイントです。

　当たり前のことですが、売掛金は会計上の売掛金台帳でしっかり管理しておく必要はあります。ただ、会社に資金が今いくらあるのか、数カ月後の資金はいくらなのかを把握することが、事業継続においても、経営計画の実行においても重要なのですから、1枚の資金繰り表の中に、確実な金額を落とし込む必要があるのです。

　フォーマット上の売上（入金）は、事業・部門に分けておきます。そうすることで、総売り上げ入金の何割（何%）をその事業・部門が担っているのかが分かります。

　ここでも、重要な注意事項があります。事業・部門ごとにした場合、売上金額や利益など残高試算表上の数値での評価と同一に判断・評価をしてはいけません。資金繰り表は、当月の入金における割合であることを忘れ

第Ⅰ部　資金繰り表を作ってみよう

35

[図表] 売上（入金）

○○○○年○月　第○○期		1月	2〜11月	12月	合計CF	売上比率
営業収支	A部門売上入金				0	%
	B部門売上入金				0	%
	C部門売上入金				0	%
	その他　　入金				0	%
	売上高合計	0	0	0	0	%

ないでください。

　つまり、赤字に思われる事業・部門でも、当月の資金繰りにおいて、その部門の入金があったからこそ、会社の資金繰りが助かったということはよくあることです。残高試算表上で事業・部門赤字だからといって、その事業を撤退すればいいという簡単な話ではないことが、資金繰り表から理解できることがあるのです。

　資金繰り表全体から売上を見たときに、入金ペースの遅れが資金繰りの厳しさを生んでいる原因だと分かれば、それは入金サイト（契約から入金までの期間や、請求から入金までの期間）が自社の事業には適切でないということを示しています。

　受注はあるのに、資金繰りが続かずに倒産という悔やみきれない結末を迎えてしまう原因の一つになることがあります。先方の事情で、入金が完成後翌月であったり、受取手形で貰わざるえない売掛先であったり、とさまざまな事情があると思います。しかし、現状から何かを変えていくとすれば、売掛先である取引先と、言いにくいかも知れませんが入金サイトについても交渉する場面を持つ必要があるでしょう。少しの勇気を出して交渉というコミュニケーションを増やしていくことで信頼関係も構築されてくることもあります。

　もちろん、相手の事情を考えず一方的に早く入金してくれと言うのでは取引停止につながりかねません。自社の状況や強みをていねいに訴えながら、売掛先である先方にもメリットが見いだせる材料を考える必要があります。

　先方のメリットが見いだせないという人がいるかもしれません。しかし、相手からしてみれば、今までの仕事の実績からあなたの仕事を評価して依頼しているのですから、継続して取引したいと思っているはずです。あなたが、継続して仕事を受けていくということは、それだけで相手にとってのメリットなのです。

　言いにくい入金サイトの短縮や、入金を早める条件交渉ですが、その交渉から新たな仕事が生まれるかもしれません。付加価値を提供した単価の見直しが生まれるかもしれませんし、前受け金が貰えるかもしれません。手形だったところの一部が現金で貰えるかもしれません。行動しなければ何も変わりません。少しの勇気ある行動が変化をもたらすことは、間違いありません。

▌原 価（支払）

　原価においても支出した金額のみを入力していきます。原価についても会計ルールにとらわれない考え方をする必要があるのです。会計処理では、期首棚卸在庫、当期仕入れ、期末棚卸在庫とあり、

$$（期首棚卸在庫＋当期仕入れ）－期末棚卸在庫$$

と計算されて、当期原価が算出されます。ここでも棚卸在庫の実態価格が明確にしにくく、調整された原価になりやすいのです。それでは、会社の資金を第一に考えた資金管理には使えない数値になってしまいます。

　だからこそ、実際に仕入れ、外注先に支払った金額のみを当月ごとに入力し、会社の資金を確実に翌月に持ち越せる状況を管理していかなければならないのです。そして、3カ月から6カ月の実績支出額をアベレージとして1年間の資金繰り予定表としておきます。

　もうひとつ、実際に支払った原価を入力していくということは、「買掛金を考慮しない！」ということです。買掛金の支払は、入金状況にかかわらず支払時期が到来します。支払時期、金額が確定しているものは、アベレージで1年間の資金繰り予定表にプラスして入力しておきます。

　理想で言えば、受注した仕事、販売した商品、役務の提供の代金が入金された後に、その仕事に関わる支払が行なわれるのであれば、赤字の仕事でない限り支払に困ることはありません。しかし実際は、そうはいかないことがほとんどです。

　建設関係の仕事であれば、受注した仕事が完了するまでのあいだ、発注主から前払いで全額貰えることはまずないでしょう。しかし、材料費や人件費は、各月に発生し、支払わなければなりません。つまり入ってくる前に支払わなければならないのです。商品の販売においても、在庫を持た

[図表] 原価（支払）

	1月	2〜11月	12月	合計CF	売上比率
原材料仕入				0	%
原材料仕入高	0	0	0	0	%
賃　金				0	%
雑　給				0	%
賞　与				0	%
労務費合計	0	0	0	0	%
修繕費				0	%
旅費交通費				0	%
厚生費				0	%
水道光熱費				0	%
管理諸費用				0	%
諸経費合計	0	0	0	0	%
外注加工費				0	%
外注加工費高	0	0	0	0	%
原価合計	0	0	0	0	%

ずに注文がきて、入金があってから商品の製作にとりかかるというビジネスモデルは少ないと思います。また、そのそういったビジネスモデルでも、その商品の開発までにかかる材料や人件費としての原価は先出しの資金となります。

　役務の提供でも、役務を提供した後の入金がほとんどですので、役務提供途中の支出の原価は先出しの資金となるでしょう。ですから、発生ベースの買掛金を、そのまま資金繰り表の原価として入力してしまっては、実際に支払が可能な適正金額が見えにくくなり、会社の資金管理が分かりにくくなってしまうのです。

　当月の支払をしながら、翌月の資金を残すことが資金繰り表を活用する

最大の目的です。だからこそ、資金繰り表の原価には、実際に支払済みの金額を入力し、支払金額を明確にする必要があるのです。支払金額が事業の資金繰りを圧迫していると感じるのであれば、それは、自社の事業の支払いペースが適切でないことを示していることになります。仕入先の支払サイト（契約してから支払までの期間、納入してから支払いまでの期間）、支払条件を見直す必要があります。

　ここも言いにくいことだと思いますが、仕入先に交渉し、支払サイトや条件を見直すコミュニケーションをとる必要があります。仕入先や外注先との交渉によっては、支払サイトを長くしてくれるかもしれません。または、金額枠を設定して長期分割支払にしてくれることもあるでしょう。逆に支払いを早め、現金払いを増やすことで仕入単価を安くできるかもしれません。ここでも少しの勇気ある行動が大きな結果をもたらすことになります。

　ただ資金繰りに困っているからと、何の相談も説明なく支払を延期されたり、あなたに倒産されて代金が回収できなくなってしまったら、その取引先は納得しようもないでしょうし、あなた自身そんな状況は望まないでしょう。

　だからこそ、資金繰り表で支払時期と支払金額の予定を管理し、事業継続に支障をきたさず支払ができるように支払可能額を確認し、かつ翌月資金を確保するのです。万が一の時は、相手先に見せるエビデンス（説明資料）にもなるような資金繰り表を作成しておくことが重要なのです。

　当然に買掛金を買掛金台帳でしっかり管理することは、売掛金を売掛金台帳で管理することと同様に重要です。

　フォーマット作成の際には、原価の項目は、製造原価報告書などの一覧から、項目を抜粋して作成しておくことがよい場合もあります。経営計画の実行において原価率の改善を目指した場合、出金ベースでの原価率改善は、会計の計上ベースとの原価率とは異なり、資金配分における原価率と

なるため、実感を得られるという特徴があります。

　資金繰りに困らずとも、原価率の改善を目指した経営計画を立て、達成していくためには、翌月繰越資金が会社に残る実感と合わせて資金繰り表を活用していくとよいと思います。

▎販売管理費

　販売管理費についても、資金繰り管理の目的は、"直観的にお金の流れを把握すること"が大原則です。そのため出金をともなわない会計ルールにおける経費項目はフォーマットの項目から除外します。たとえば、減価償却費はフォーマットに入れません。

　すでに支払った資産に対する出金については、そのモノにもよりますが、数十万円規模の事務機器等は、消耗品や消耗備品として消耗品費に入れます。また、大型な資産として償却していく数百万から数千万円の設備投資に属するものは、別項目の投資収支の支出として入れます。お金を何に使ったのかを明確にすることを資金繰り表では重要なのです。

　反対に、出金はしているが、会計ルールでは経費とされないものもあります。保険商品の一部がそれにあたります。支払った半分しか経費に算入されず、半分は資産として計上される保険商品があります。これもお金を何に使ったかを明確にする資金繰り表の原則から、資金繰り表では支払保険料として全額計上してしまったほうがよいでしょう。

　他にも資金繰り表においては、会計ルールにとらわれずに扱ったほうが直観的に分かりやすくなるものがいくつかあります。

　たとえば、給与についても、会計ルールに即すと給与支払額が額面で全額損益計算書の給与支払項目に計上され、法定福利費・源泉所得税等の控除は預り金となり、貸借対照表上の負債項目になります。月次の損益計算書の法定福利費項目では、控除された預り金があるため、貸借両方に数値が入ることになり、直感的には分かりにくくなります。

　そこで、資金繰り表では振込済み給与支給額を給与項目に計上し、大胆に法定福利費は販売管理費のフォーマット項目からなくしてしまってもよいと思います。そうすれば、支出したお金の流れとして給与支払額が明確になりますし、給与から控除された預り金は、現預金として残ったままに

[図版] 販売管理費 出金をともなわない項目は作らない。

		1月	2～11月	12月	合計CF	売上比率
	役員報酬				0	％
	給与手当 ※1				0	％
	法定福利費 ※2				0	％
	賞　与				0	％
	消耗品費				0	％
	地代家賃				0	％
	保険料				0	％
	修繕費				0	％
	租税公課 ※3				0	％
	諸会費				0	％
	図書新聞費				0	％
	厚生費				0	％
	旅費交通費				0	％
	通信費				0	％
	水道光熱費				0	％
	支払手数料				0	％
	研修費				0	％
	広告宣伝費				0	％
	接待交際費				0	％
	雑　費				0	％
販売管理費合計		0	0	0	0	％

※1：税払項目に源泉所得税項目を作る場合は、給与手当を控除後の金額で入力するほうが正確になる。※2、※3についても、税払項目に社会保険料支払、固定資産税支払などの項目を作るのであれば、販売管理費の項目から抜いて、税払い項目で納税計画を立てるようにしよう。

なります。

　そして、別に税金等の管理欄を設け、社会保険料、源泉所得税等の支払時期に合わせた出金管理をしていきます。この方法が、会社の現預金管理

を把握し、予定を立てるという資金繰り表の活用では有効であると思います。

社会保険料を毎月納税しているのであれば、別欄で管理する意味が少ないので、販売管理費欄に法定福利費として項目をおいて納めた金額を入力して管理することでもよいでしょう。給与から控除された預り金は会社の中に現預金として残っているので考えなくてよいでしょう。人件費戦略にはこの方法で管理したほうがよいというメリットもあります。

預り金の扱いをきちんと自社のルールとしてフォーマット作成時に決めておかないと、最後に翌月繰越金額と現預金残高が合わなくなるので注意が必要です。

社会保険料、源泉所得税が半期払いの場合は、半期ごとの支出金額が通常月より大きくなります。資金繰りが厳しい時期、支払月のタイミングで現預金が枯渇してしまいそうになった時には、別項目に税金等の管理欄を設けることで、税金分納計画が立てやすくなるメリットがあります。とはいえ、分納は延滞金がかかることでもあるので、なるべく分納回数を少なくして納税計画を立てることをお勧めします。

▌営業外収支

　ここでは、直観的に分かる資金繰り表を作成するために、本業の事業収支以外の収支という意味で、本業に関わらない収支は全て営業外収支として定義し、フォーマットを作成します。

　営業外収入としては、受取利息や投資の配当金、その他賃貸業以外の業種での不動産からの賃料収入など、本業以外の収入を営業外収入としておきます。遊休資産の売却等で入ってきたお金も本業以外からの収入としてこの項目に入れてしまったほうが分かりやすくなります。会計ルールでの特別利益に計上されるような、実際に入金のあった収入もこの営業外収入の項目で管理していきます。

　営業外支出としては、支払利息その他本業に関わらない支出としての雑損失、会計ルールで特別損失に計上されるような実際に支出をともなうも

[図版] 営業外収支

			1月	2～11月	12月	合計CF	売上比率
営業外収支	収益	受取利息				0	％
		受取配当金				0	％
		雑収入（特別利益）				0	％
		小　計	0	0	0	0	％
	支出	支払利息割引料				0	％
		雑損失（特別損失）				0	％
		小　計	0	0	0	0	％
	経常・税引前当期純利益金額		0	0	0	0	％
	法人税、住民税、事業税					0	％
	当期純利益金額		0	0	0	0	％

資金繰り表では、特別損益は入出金を実際にともなうものを営業外収支に一緒にしてしまってもよい。決算書と合わせたければ、外に出して、経常利益と税引前当期純利益の間に特別利益・特別損失の項目を作成して入れよう。

のを、この項目に入れて管理していきます。

　本業に関係ない収支のために軽視しがちなところですが、資金繰り表を活用した経営では、重視するべき項目があります。それは、支払利息の項目です。資金繰り表において、営業利益から支払利息が支払可能である状況か否かで、現状での事業継続が可能か否かが問われるのです。

　資金繰り表における営業利益は実際のキャッシュの儲けを表します。本業で儲けたお金から、利息を支払い、税金を支払い、借入の返済をすることが本来のあるべき事業の姿です。営業外収入がある場合でも、その収益は会社の利益を補完するものとしてとらえるくらいが理想です。

　営業利益がマイナスで、営業外収入を頼りに利息、納税、返済資金を賄う経営をせざるえない状況になっているのであれば、事業そのものを今すぐ見直し、営業利益をプラスにすべく本業に抜本的な対策を立てる必要があります。さらに営業外収入にも頼れず、資金の不足を借入れで乗り切る経営の状況になっているのであれば、本業の対策とともに、財務戦略の見直しを含めた経営全体を複合的に見直す必要がでてきます。

　利息の支払が、会社の資金繰りに大きな比重をもたらしているようなら、会社の存続に要注意のサインとなります。

▌税金等

　会計ルールの損益計算書において、当期利益の直前に差し引かれる項目には、法人所得税、事業税、住民税といった法人税等が記載されます。資金繰り表を経営管理に役立てるためにも、この形はそのままフォーマットに使います。そして、当期利益の後に、その他税金の納税計画を立てられるように別欄を作成します。

　まとまった資金の支出を必要とする納税は、資金繰りが厳しくなった時には分納を考えなければなりません。納税は、本業の取引上必要な支払を除けば、金融機関の返済より優先して支払う必要があると心掛けるべきです。万が一資金繰りが悪化し、納税資金や返済資金が不足することが予測できる事態となった場合にどういう対応をとるべきでしょうか？　追加の融資を受けるべく金融機関に相談に行くというのが一般的な対応だと思いますが、果たしてその方法が得策なのでしょうか？　資金繰りが悪化している原因の究明と改善方法を見出す前に、目先の資金を充足させるために負債を増やしていくことは問題を先送りにして、問題をさらに大きくしてしまいかねません。では、借入れをせずに対応するにはどうすればよいの

[図版] 税金等

		1月	2〜11月	12月	合計CF	売上比率
税金等	源泉所得税	0	0	0	0	％
	社会保険料	0	0	0	0	％
	労働保険料	0	0	0	0	％
	固定資産税	0	0	0	0	％
	消費税	0	0	0	0	％
	税金等支払合計	0	0	0	0	％

法人税等は、決算項目に準じたほうが見やすいうえに、直感的に経営計画に役立つと思う。したがって当期純利益前に項目を持っていく。
預り金がある源泉所得税や社会保険料は、預り金を気にせず実際の支払金額で入力していく。くれぐれも販売管理費の項目と重複しないように注意。

でしょうか。納税では、分納の相談をしに税務署に行くことです。分納すれば延滞税がかかりますが、事業継続を第一義と考えれば、延滞税がもったいないと考えるより、月次の支出を抑えて、資金繰りを続かせることのほうが優先されると覚悟すべきだと思います。

　返済についても、借り入れている金融機関に返済方法の見直しの相談に行くべきです。根本的な本業の改善策が見出せないまま、借入を増やして問題を先送りにするくらいなら、一度返済方法を見直す方法をとって事業継続のできる資金繰り計画を立ててから、金融機関との取引を正常化させるほうが中長期的には得策です。「返済条件の見直しの相談に行ったら、もう借りられなくなる」といった不安より、長期に事業を継続する対策を立てないことのほうがよっぽど不安が大きくなるはずです。

　また、納税を借入の返済より優先して考えるべきなのは、回収方法の違いにもよります。納税の滞納は、督促の連絡も金融機関に比べると少ないし、はがきや通知のみで直接の電話がない場合すらあります。しかし、いざ回収しようとすれば、税務署は金融機関と異なり、裁判所を経由せずに直接差押えができるのです。つまり、滞納を放置すれば、税務署は時間をかけずに直接的に回収すべく差押えができるということです。督促の電話がうるさいからといって金融機関の返済のほうを優先して、納税を後回しにしてしまっては、税務署の差押えによって事業継続ができなくなることさえありえます。資金繰り表を活用して、適切な対応をとり、支払いの優先順位を間違えないようにしましょう。

　税金等のフォーマット欄に社会保険料や源泉所得税の項目を作ると、販売管理費の給与の入力に注意が必要になります。資金繰り表の販売管理費の給与を総額で入力してしまうと、給与支払総額の中で控除した源泉所得税預り金が、会社としては支出として入力されていることになります。税金項目で実出金分を入力すると、控除した預り金が重複した支出になります。法定福利費の項目でも、租税公課でも同様に支払が重複してしまう可

能性があるので充分注意しましょう。

　資金繰りが厳しく、社会保険料や源泉所得税を分納せざるをえないような状況ならば、販売管理費の給与項目は、控除後の出金金額で入力して、法定福利費の項目はなくしてしまい、別欄の税金等で管理していったほうがよいと思います。

　販売管理費項目から給与を出金額にし、法定福利費を外すことで人件費戦略が立てにくくなりますが、分納解消ができる状況まで回復しなければ、増員は考えず、今の人員での再建計画が必要だと考えましょう。

▎投資収支

　投資収支は、当期利益の後に欄として設けることが一般的だ、とさまざまな本や、セミナーなどで紹介されていると思います。

　それは、本業の経常利益を黒字にしつつ、設備投資を含めた投資戦略を立てるという発想からすれば正しいことですが、資金繰り表を活用すると、そこに疑問がわきます。会社に現預金残高を維持しつつ事業継続しなければいけないのですから、投資戦略の前に財務収支の借入・返済の欄を入れたほうが適切であると思います。つまり、経営戦略において利益を上げるために投資を検討しようとした時に、投資を優先して考えると、その資金について今持っている現預金では足らず借入を前提に考えることになるからです。増額した借入の返済を上回る利益をその投資によって生み出さなければなりません。そこを「見込み違いでした」では事業継続そのものが危ぶまれる結果になってしまいます。であるならば、財務収支の欄を投資

[図版] 投資収支
投資収支を財務収支の前に配置するときには、投資ありきで経営計画を立ててしまい、資金不足に借入を起こす判断になりやすいため、余剰資金が潤沢にない場合は、投資収支の前に財務収支を配置することをお勧めする。

			1月	2〜11月	12月	合計CF	売上比率
投資収支	収入	A社　増資	0	0	0	0	％
		B社　回収	0	0	0	0	％
		収入（回収）合計	0	0	0	0	％
	支出	設備投資	0	0	0	0	％
		B社　投資	0	0	0	0	％
		支出合計	0	0	0	0	％
		投資収支合計	0	0	0	0	％

※投資収支は、売上比率上はあまり意味をなさないため削除してもよい。エクセルで表を作成するとき、この部分だけ削ると資金繰り表が作成しにくくなり、見にくくもするため、便宜的に載せていてもよいと思う。

収支の欄の前においたうえで投資戦略を立てるべきだと思います。自社の本業での体力を見極めて、リスクの取れる体質にあるか、投資ができる環境にあるかを考えて活用できる資金繰り表を作成すべきです。

　もちろん資金調達において、株主や他社からの増資が期待できる環境にあるならば、財務収支の前に投資収支を入れて作成するのもよいでしょう。

　多くの中小企業、零細企業にあっては取引環境の変化によって設備投資をしたほうがよいのではないかと判断を迫られる場面が出てきます。その時こそ、その設備投資の実現可能性について自己資金と借入のバランスが保てるか否かで判断できるようにしたいものです。そのためには、資金繰り表においては、投資収支の欄の前に財務収支の欄を置いておいたほうが判断しやすくなるのです。

　本業で厳しい環境にある状況にあっては、投資収支の欄そのものを資金繰り表のフォーマットから抜いてしまったほうがよい場合もあります。抜いてしまえば、本業の財務体質強化に注力できるメリットがあるからです。

▌財務収支

　既存の借入がある場合は、その借入（貸し口）ごとの返済予定表を基に
まずは、返済欄を埋めてしまいます。返済予定表には元金と利息の内訳が
必ずあります。そこで、現在の返済元金と利息の今後1年間分（当期分）
を埋めてしまいます。注目して欲しいのは、現在の本業における利益から
納税して元金返済に充てるとしたときに、元金返済総額が問題なく返済で
きる金額であるかどうかです。

　本業からの利益、キャッシュベースの利益から納税、元金返済と差し引
いていくなかで資金が不足する事態に陥っているとしたら、多くの経営者
はその不足分を追加の借入で補おうとします。そのあたりまえだと思って
いることが安易に負債を増加させ、先行きを細めてしまうのです。

[図版] 財務収支
財務収支からの資金繰り表は、余剰金を有効活用するという経営計画には直感的に分かりやすい
表となるはずである。潤沢な内部留保がまだないという場合は、財務収支を投資収支の前に配置
して資金繰り表を作成しよう。

			1月	2〜11月	12月	合計CF	売上比率
財務収支	収入	金融機関借入　短期	0	0	0	0	％
		長　期	0	0	0	0	％
		その他（売却等）調達	0	0	0	0	％
		借入（未収・預金・仮受）	0	0	0	0	％
		財務収入合計	0	0	0	0	％
	支出	金融機関借入　短期	0	0	0	0	％
		長　期	0	0	0	0	％
		その他（売却等）返済	0	0	0	0	％
		返済（未払・仮払）	0	0	0	0	％
		財務支出合計	0	0	0	0	％
		財務収支合計	0	0	0	0	％

　ならば、どうするか。まずは、資金繰り表で、確実にどこまでの金額ならキャッシュ利益から納税、元金返済額が充当できるのかを判断します。

　そこで現在の元金返済額が重すぎて資金繰りが厳しいのであれば、いくらの元金返済なら大丈夫なのかをまずは自社で判断します。たとえば、元金返済200万円あるところを20万円なら大丈夫なのであれば、20万円の返済原資になる資金繰り表を基に返済条件の変更を金融機関に相談し、再建への協力を得たほうががよいでしょう。再建計画が直ぐには立たずに資金が枯渇しそうなら、まずは元金を0円にして自社の見直しと再建計画を立てる旨銀行に申し出たほうがよいでしょう。銀行から追加融資を受けてその場をしのぎ、その膨らませてしまった負債の返済に一層資金繰りを厳しくさせる悪循環を断つのです。返済条件の変更を申し出たら、その後の融資は受けにくくなり、資金調達手段をなくせばその後の経営に不安が残ります。しかし、その不安は、資金繰りを埋めるためだけの安易な追加融資を受けながら負債を膨らませた後に訪れる状況に比べれば、越えるべきハードルが低い不安であると思います。

　財務収支欄は、資金調達と返済のバランスを自社の主導で行なうための最も必要な欄と言えます。

▌残高照合

　資金繰り表を作成していくなかで最も確実に把握しなければならないのは、翌月繰越資金です。いくらの資金を翌月に繰り越せるかが、事業継続の鍵となります。理想でいえば、翌月の売上入金がないとしても、翌月のすべての支払が可能な金額が繰り越せていることですが、中小企業や零細企業にあっては難しいのが現実でしょう。では、どうするか。翌月繰越金額を自社でいくらまでは確保しておく、と決めるしかありません。それが、原価支払と人件費までなのか、人件費までなのか。一番いけないのは、翌月繰越金額を決めずに入ってきたお金から即支払いに回してしまい資金を確保しないことです。

　資金繰りが厳しい状況ならなおさら、翌月繰越金額を確保できるように各支払サイトを延ばす、売上入金を早めてもらうなどの取引先との交渉が

[図版] 残高照合

翌月繰越残高が実態の現預金と合うことが資金繰り表の信頼性を担保する。この残高を維持しながら、純粋に当月末現預金残高が増えていくことを目指す!

	1月	2〜11月	12月
当月資金過不足	0	0	0
月初繰越現預金	0	0	0
当月末現預金残高	0	0	0

	1月	2〜11月	12月
○○銀行　○○支店　当座	0	0	0
当座残高　小計	0	0	0
○○銀行　○○支店	0	0	0
普通預金残高　小計	0	0	0
現　金	0	0	0
合　計	0	0	0

必要になります。それをしなければ事業継続すらできなくなる可能性があるからです。

　さらに、この資金繰り表を金融機関や税務署、取引先、社内にまで説明ができる資料として有効に活かすためには、その数値が確実で精度の高い数値である必要があります。その精度を高めるためには、翌月繰越金額と当月末の現預金の金額が合っていることが絶対に必要です。

┃ フォーマット完成！

　小分類から各仕分け項目を直近の決算書や、残高試算表からフォーマットに移すと、後は毎月ごとの入力作業となります。現預金の照合項目欄を用意して、翌月繰越金額と必ず一致させるようにしなければなりません。

● 資金繰り表の数値が合わない!?

　口座の取引履歴と、現金の出納の数値をそのまま資金繰り表に落としていけば、数値が合わないことなどありえません。しかし、事業規模が大きくなると口座数も多く、取引履歴も膨大で、現金出納にしても仮払等の処理が多く、作成するには労力がかかりすぎるのが実態でしょう。資金繰り表作成のために人員を割かなければならないほどになってしまう場合もあります。そんな時には、各月の残高試算表から各項目の数値をBS（貸借対照表）とPL（損益計算書）、販売管理費一覧、製造原価報告書にあたる部分の数値から資金繰り表の項目に入力していきます。すると、照合する現預金の残高と合わない事態に陥ることがあります。本来、BS（貸借対照表）の現預金残高は照合する現預金残高と一致しているわけですから、上記４表（指標）を細かく読み解けば、合わないことはないのですが、それがうまくいかないのが現場での現実だと思います。

　なぜそんなことが起こるのかは、会計ルールで計上される仕分け数値と、実現預金の数値で計上する資金繰り表のルールが違っているからです。

　たとえば売上においては、契約時に請求時に売上を立てる会計処理と、実入金を基にする資金繰り表での売上とが一致しない。売掛金の回収金額と実入金金額なら一致しそうですが、売掛金も各取引先とも発生と回収が違い、実入金額と一致しないかもしれません。原価で言えば、期首と期末の棚卸資産があるため合わせにくいことがあるでしょう。当期仕入れだけに限定したら一致しそうですが、やはり支払サイトが個別取引先ごとに違

いがあり発生と支払済み金額が一致しないかもしれません。

　現金出金においても仮払処理が多く、その処理が翌月以降に繰り延べられていたら会計処理上は仮払だけが増え、資金繰り表の項目に仕分けしにくくなります。

　それでは、どうするべきか。残高試算表から項目ごとに数値を拾って、まずは資金繰り表に数値を落としていきます。翌月繰越金額と月末現預金残高が合わなくなってしまったとしたら、翌月繰越金額と月末現預金残高のどちらが多くなっているでしょうか。

　月末現預金残高は、嘘をつかない絶対の数値です。

　残高試算表から落とした数値からの翌月繰越金額が月末現預金残高より多いのであれば、翌月繰越金額を月末現預金残高に合わせるためには、翌月繰越金額から差額を引かなければなりません。どうやって、どの項目で差額を引けばよいのでしょうか。

　財務収支の支出（返済）に（未払金・仮払金）項目を作り、差額をその項目で引くのです。資金繰り表のルールに合わせれば、当月の現預金の流れで、計上数値より、実際は資金が少ない状況を明確にできればよい。会社の財務管理における調整では実態に合わせることを優先する。調整には、未払金・仮払金を支払ったことで実態に合わせたほうがよいのです。

　逆に、翌月繰越金額が月末現預金残高より少ない場合は、財務収支の収入（借入）に未収金・預り金・仮受金の項目を作り差額を足しておきます。残高試算表から項目を抜き出して資金繰り表に数値を落としていくのであれば、数値分析がしっかりできないと、数値が合わない事態が起こりえます。

　心配いりません。調整をして誰にでもできる、誰にでも分かる資金繰り表で、かつ実態を基本においたある程度の精度を保った資金繰り表であればよいのです。

　資金繰り表を作成していくには、財務3表（貸借対照表／BS、損益計算書／PL、キャッシュフロー表／CF）にあまりとらわれないほうがよいといえます。言い換えれば、決算書の知識や、会計・仕分け知識がなくても、資金繰り表は作成できるのです。

　シンプルに会社の入出金を資金繰り表に移していく作業を、間違いなく行なってくれた方が、経営陣には運営資金の流れがよく分かるはずです。

　会計知識がないなかで、会計ソフトから出てくる月次残高試算表を基に資金繰り表を入力していくと、貸借対照表の月末現預金残高（本書の提案する資金繰りフォーマットでは、照合する現預金残高の表）と、資金繰り表の翌月繰越残高が合わないときに作成者にストレスが生じます。

　残高試算表を基に作成しようとすれば、財務3表の繋がりを認識して、PLとBSにお金がどう振り分けられているのかを理解する必要が出てきます。そこまでの理解を得るには、簿記のルールや仕分けの勉強をし、経験を踏んでいかなければならないでしょう。

　ストレスになるのは、「入出金を間違いないようにしろ、月末残高を必ず合わせろと言われたのに、合わない…私の仕事の能力不足を指摘されるのではないか…責任にされるのではないか…」という義務感や責任感からでしょう。

　資金繰り表の作成を任された会計知識のない担当者は、数値を合わせるためには、不明確な資金の出入りをなくすように対処することになります。そこで、知識のないなかで資金繰り表を正確にするには、銀行通帳と現金出納の帳簿を基にシンプルに入出金を資金繰り表に移していくことがベストな仕事の進め方だと気付くはずです。

　取引銀行も少なく、取引数も少なければ、ぜひ、銀行通帳と現金出納で

資金繰り表の作成をしていただきたいと思います。

　しかし、事業売上が数億円以上の規模になると、取引銀行が複数行になり、取引先も入出金あわせると月の取引数は膨大な数になります。銀行通帳と現金出納で資金の流れ全てを追うのは労力も必要だし、ミスも多くなるだけで現実的ではありません。

　そこで、本書で提案するような、残高試算表を基にしたとしても、入出金ができるだけ把握できる実務的な資金繰り表の作成をお薦めしたいのです。

　会計の勉強を一通りして、簿記会計の1級、2級くらいの資格を取得している人、それと同等もしくはそれ以上の資格を持っている人、経理畑を歩み続けている人なら、BS、PL、CFを紐解きながら、不明瞭な項目を見つけ出し、必要に応じて項目の補助帳簿を見れば資金の流れを一致させることができるでしょう。そのために本書が提案する資金繰り表の作成には、正確さが欠けると前向きに捉えられないかもしれません。ですが、経営において役に立つ資料（道具）としては、その資料の目的からいって税務申告のような正確さよりも、経営していくために必要最低限の正確さを保ちつつ、シンプルに示されていることが優先されてよいのだと私は考えています。

　では、資金繰り表作成は、通帳と現金出納で作成するのがベストだと気付いた会計知識のあまりない人と、財務3表を読み解きながら確実に資金繰り表を作成しようとする会計知識のある人、どちらに任せたらよいのでしょう。

　私は、会計知識がなく入出金を銀行通帳と現金出納を使って正確にしていくという考えに至った方が適任だと考えます。

　理由は、3つ。1つは、会計知識のない方は、資金管理の原理原則を自らの対処のなかで学んでいるということ。2つめは、会計知識があり経験も豊富な人だと、会計知識があるがゆえに会計ルールに囚われ、資金繰り表本来の目的である資金の流れを把握するという要件を越えて、正確さを

追求するあまり資金繰り表を煩雑で分かりにくいものにしてしまう傾向があるということ。3つ目は、会計知識があり、経験と実力もある人を、資金繰り表の作成に時間を取らせるのは、業務効率において非効率であるということです。会計知識があり経験もある方には、財務、経理業務として無駄のない納税や、資金調達に向けて会計数値から与信力の向上を目指し、経営を財務的に俯瞰して資産をどのように作っていくのかを考え、実行することで会社に貢献してもらうべきだと思います。そして、資金繰り表の作成者をフォローしてもらうというのが理想的です。

　結論として言いたいことは、会計知識がなくても資金繰り表は誰でも作れるので、経営者、経営陣が、「人がいなくて作成できない」と二の足を踏んで作成しないことのないようにしていただきたいということです。会計知識がなくても、責任感が強い人を担当にして作成していきましょう。

　会計知識がなく、責任感が強い人を資金繰り表作成の担当者として人選すると、たとえば、「ちょっと仮払いで持っていくね」と言いながら、安易に会社からお金を引き出したまま放置したり、その領収書も出さず、残金精算をしないと、たちまち「このあいだ仮払いで持っていったお金の領収書は？　精算しないと月末が締められません」なんて言われることになるかもしれません。

　会計知識がない分、仮払いのまま放置しておいて決算時に調整するなどという融通は利かなくなります。資金繰り表と実際の現預金を合わせることが絶対だと思えば思うほど、出ていったお金が何に使われ、会社の現預金残高がいくらあるかにこだわることになります。

　経営者や経営陣にとってはちょっと窮屈に感じるかもしれませんが、そのくらいの人が居てくれたほうが会社にとってはよいのです。

第II部 資金繰り表を活用しよう

01 会社のステージに合わせた入力管理

▌A イノベーションステージ〈資金運用を検討する〉

現状から、経営組織の統合・分散を視野に入れた次世代収益モデルを構築するための資金運用を検討します。

月次残高試算表から特にBS構成に注目！＋「月次資金繰り表」

※巻末（p.154-155）資料参照

▶「月次資金繰り表」は、下記のサイトからフリーに使えるフォーマットデータがダウンロードできます。
http://masami-omori.com/

　月次資金繰り表の入力は、会計上の月次残高試算表をベースに行ないます。月次残高試算表から各項目を入力していくと、読み取りにくい入出金があります。各項目の数値をそのまま単純に資金繰り表の項目に入力していくと、最終的に資金繰り表の翌月繰越金額と、現預金残高が合わないことがあります。この場合は、前述のように、財務収支の欄で過不足金額を調整してよいのです。イノベーションステージは、内部留保が厚い状況にあり、この過不足調整のズレは、気にしなくてもよいステージです。

　月次残高試算表を基に年次計画の進捗を管理しながら資金繰り表で内部留保を活かした投資の活用を考えていきます。

　BSにおける純資産金額と、現預金残高の推移に注視します。次世代収益モデルを組み込む戦略を立てるには、借入比率や、資産回転率などの指標と、新事業収益予測を組み込んだ統合シミュレーションを必要とします。節税を考えた事業の子会社化などの組織分散でも同じことが言えます。直

[図表] 会社のステージ

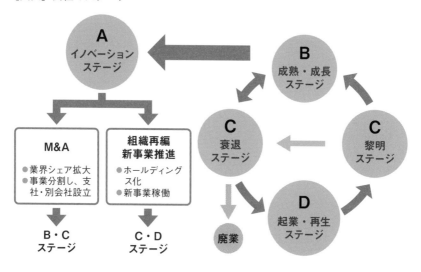

観的に理解するには、純資産金額の推移と、現預金の残高推移を注視して
いくとよいでしょう。

　月次資金繰り表の推移と合わせて観察することで、投資金額が適切か否
か、時期が適切か否かを判断できます。現状の事業継続を危ぶませるよう
な投資は適切ではありません。言い換えれば、現状の事業継続に必要な翌
月繰越金額を、借入なしに維持できないような投資はリスクが大きいと言
えます。

▎B 成熟・成長拡大ステージ〈事業規模推移を観察する〉

　スタートアップから黎明期を過ぎ、事業は安定し、拡大に向かうというステージにおいては事業を拡大しつつ継続するための資金繰り管理が重要になります。また、自社の事業が業界動向において成熟業界にあり、事業の維持から新たなビジネスモデルの構築を模索する時期においても資金繰り管理は重要になります。

月次残高試算表から特にPL構成に注目！＋「月次資金繰り表」

　このステージでも月次資金繰り表の入力は、会計上の月次残高試算表をベースに入力する方法でかまいません。また、最終的に資金繰り表の翌月繰越金額と現預金残高を合わせるために、財務収支の欄で過不足金額を調整してもよいでしょう。

　直観的に年次計画の進捗状況が確認できることが何よりも重要です。収支実績と予測が確認でき、計画にずれが生じた場合に早期に修正できるようにしていきます。

　このステージでは既存の取引が継続する可能性が高く、純資産割合も高い傾向にあり、突発的なマイナス要因が起こったとしても、金融機関からの借入が容易です。しかし、どんなに現状の財務状況がよくても、将来に対する不安がないわけではありません。

　決算期の会計報告、月次での残高試算表の会計報告を基に経営していくのでは不十分と言わざるをえません。事業継続と今後の対応には、翌月繰越金額の維持増強が重要です。そのために、経営計画に連動した資金繰り表はかかせません。

▌C 黎明期・衰退期ステージ〈資金調達力をつける〉

　起業し、急速に売上を伸ばしていくなかにおいては、人件費や経費も急速に上がっていきます。資本金と、利益からの現金の積み増し速度以上に、実態としては先に資金が必要となるステージです。しかし、起業して2期決算を済ませなければ、資本金を上限とした借入れに留まるなど、大きな資金の借入は難しいかもしれません。現預金の残高推移を見ながら経営計画を立てましょう。

　反対に、業歴も3年を越え、既存借入もあるなかで売上が減少し始めた場合も資金需要が出てきます。事業実績の長さや取引先の信用度、資産状況によっては借入が可能かもしれません。

　何とか、役員報酬も維持して、今の場所、今の人員でやっていき、現状を維持しつつ復活していきたいと思うでしょう。原因はさまざまだと思いますが、対応策を早期に考え、行動が必要なステージです。

　黎明期・衰退期とも資金需要に対して、借入を検討してしまうステージです。このステージは、安易に借入に頼らないために資金繰り表の活用が最も活かされるとも言えます。

月次資金繰り表 ＋「5−10日資金繰り表」（5日、10日区切り）

※p.79参照

▶「5−10日資金繰り表」は、下記のサイトからフリーに使えるフォーマットデータがダウンロードできます。
　http://masami-omori.com/

　このステージの月次資金繰り表は、A・Bステージより精度を高くしたものを作成し資金管理をしていく必要があるのはお分かりいただけるところだと思います。したがって、残高試算表から資金繰り表にそのまま数値を落とし込み、数値が合わないときには財務収支の欄で調整するというの

では資金繰り管理に精度が足りません。では、どう対応すればよいでしょうか。

　事業規模が年商5億円以上、月次5000万円以上であったり、売掛先、買掛先が50件近くあったり、取引銀行が10行以上あるなど、集計が煩雑なときには、少なくとも資金繰り表の売上と原価の欄は、預金通帳と現金出納帳から金額を拾い、入金額、支払額は確実にしておく必要があります。また、税払欄の金額も、実績から予定が分かっているところは、預金通帳の履歴や納税通知からあらかじめ入力しておきます。それ以外の販売管理費などの数値は、残高試算表からそのまま転記してもよいでしょう。そのうえで資金繰り表の翌月繰越金額と月末現預金残高が一致しない場合には、財務収支の欄で調整します。

　これによって、残高試算表から資金繰り表への単なる数値の転記によるものより、資金繰り管理の精度が数段上がるはずです。

　そこまでの事業規模や、煩雑さがないのであれば、月次資金繰り表の項目すべてを、預金通帳と現金出納帳から数値を拾って入力して対応したほうがよいでしょう。この作業をしながら資金繰り表を作成するなら、会計上の残高試算表を基に入力する必要はありません。入出金のすべてを、ありのままに会計項目に合わせて入力していくのですから、これより正しい資金繰り表はないのです。

　「5－10日資金繰り表」は、月次資金繰り表の主要項目を使って、月次で締めるところを、5日、10日など、入出金の多い月中の日にちで数値を締めて管理します。つまり、翌月繰越金額に当たる部分を5－10日ごとに合わせて、実績と予定を入れていく表となります。

　このステージは、資金不足の対応として、借入という選択肢が可能な会社が多いでしょう。しかし、このステージにあればこそ、安易に借入を選択するべきではありません。なぜなら、今後、強い資金繰り管理ができる財務体質の強い会社になる絶好のチャンスだからです。迷ったときに今一

度、資金繰りを見直し、事業を見直し、入金サイト、支払サイトを見直して欲しいのです。

　「黎明期ステージの場合」は、売上増加で、利益増が確実であるならば、借入という選択を取ってよいと思いますが、業歴が浅いと必要金額が調達できないという場合も出てきます。足りない資金をどう生み出すかはそれぞれの経営者がさまざまな方法を考えるでしょう。しかし、今後の資金繰りにおいて、資金ストック（翌月繰越金額）の積み上げを意識した経営ができるように資金繰り管理を徹底すべきだと言えます。

　「衰退期ステージの場合」は、借入申し込みそのものを立ち止まって考えたほうがよい場合があります。借入で急場をしのぎ、後は後で考える。というのであれば、借入の申し込みを止めたほうがよいでしょう。事業を見直さずに借入を増やしたところで、後にその返済も重なっていくのですから、今よりもっと苦しくなる可能性が高いでしょう。足りない資金を捻出するためには、支払予定先に支払を猶予してもらう方法もあれば、売掛先からの入金を早めてもらう方法もあるでしょう。今一度、安易に借りる選択をしていないか立ち止まって考えてみましょう。

第Ⅱ部　資金繰り表を活用しよう

▌D 起業・再生ステージ〈生き抜く力をつける〉

どんな業種でも起業した時には、売上が入金される前に出金が多いものです。法人設立の登記、会社の事務所の準備から人件費、細かくは、電話やインターネットの加入、印鑑の準備や封筒等の事務消耗品などの経費など、資本金の取り崩しからスタートします。

会社法の改正によって資本金がかからず設立することが可能になりました。しかし、業種によっては、資本要件として必要な金額を準備しなければスタートできない業種もあるでしょう。許認可が必要な業種では、その許認可を取得するための費用が資本金として必要な場合があるでしょう。

資本金は、対外的な信用力という意味で重要であると同時に、資金繰りにおいても重要な意味を持ちます。消費税の納税と資金調達に大きな影響があるからです。

消費税の納税を考慮すると、取引金額規模の大きい事業で売上が年間1000万円を超えることが創業時から分かっているのであれば、資本金を1000万円以上として当初から消費税課税業者となる必要があります。年間1000万円の売上が上がるか否か分からないのであれば、消費税課税業者に当初からなる必要はないので、1000万円以下の資本金で消費税課税業者とならなくてもよいでしょう。納税時期に違いが出てくることがあり、資金繰りに大きな影響が出てきます。

また、資金調達においては、事業の先行きが不透明で実績も示せていない設立1年未満の会社が金融機関から借り入れをしようとしても難しいでしょう。ただ、設立1年未満の会社であっても、事業推移が資金繰り表等で示すことができれば、資本金を上限として借入ができる場合があります。調達を考えると、年間1000万円以上の売上が必ず立つのであれば、資本金の額を上げておいたほうが調達のためにはよいとも言えます。資金繰り表は、資本金額が現預金にある状態からスタートすることで作成できます。

　再生ステージでは、第二会社として会社をやり直すのであれば、新設会社と同じ意味を持つため、起業ステージと同様の注意が必要となります。

　今の会社の状態から再生するステージにあるのであれば、BS（貸借対照表）の内容がどうなっているかより、今いくら現預金があるかを確認することが重要となります。再生場面においては、資金繰りが厳しいのですから、現預金の"今"を常に確認できる状況にしておく必要があります。資金繰り管理を徹底し、入金予定と支払の優先順位を自社主導で計画立てて進めるためには、取引先や金融機関、税務署に、再生に向けて協力してもらえるように充分な説明ができる資料を作っておく必要があります。それには、資金繰り表の活用が欠かせないのです。

日繰り表 +「月次資金繰り表」
※p.73-74参照

▶「日繰り表」は、下記のサイトからフリーに使えるフォーマットデータがダウンロードできます。
http://masami-omori.com/

　このステージでは、日繰り表から作成していきます。日繰りで預金・現金の入出金を記載していくので、ここで作成された日繰り表を基に月次資金繰り表に転記していく手法をとります。起業した会社や、再生手段として第二会社で会社をやり直すのであれば、取引数が少ないために事業規模にかかわらず容易であるはずです。事業が順調に推移しはじめたら、Cステージの手法で資金管理をしていくようにすればよいでしょう。はじめから、会計上の月次残高試算表を基に資金繰りを管理するのは得策とは言えません。"ザル"と言われる経営に陥る入口になってしまいます。

　再生ステージでも、現在の会社での再生を目指す際には、再生するために「何をするか」の前に、準備段階があります。それは、第一に会社の現預金が"今"いくらあるのかを把握することです。今日現在の現預金だけでなく、今日現在の確実な入金予定を含む資金がいくらなのか、同時に今

日現在の支払予定金額がいくらあるのか、を把握します。

　第二に、翌月繰越金額をいくらにするのかを決めます。翌月繰越金額を決めることは大きなハードルであり、反面、最大のポイントになります。資金繰りの厳しいなかでは翌月繰越金額を残すこと自体無理に思えるでしょう。これをやりきるにはどうすればいいのでしょうか。大きなハードルですが、支払優先順位が定まるまで、すべての支払をなるだけ止めて、現預金を社内に確保し、支払先に対して支払方法、支払金額の見直しをお願いするのです。翌月繰越金額を決めたら、できるかぎりその金額は守り抜く勇気と決意を持つことが再生への決意と同じ意味を持つことになります。

　第三は、支払優先順位を決めることです。支払を止めて見直しをする交渉優先順位は、①借入金融機関、②税務署、③仕入・外注先、④その他経費としての固定支払先、⑤人件費です。

　資金繰りが厳しくなると、交渉順位を真逆にしてしまう経営者が多いものです。真逆にしてしまえば、会社は内側から崩壊していってしまいます。社員のモチベーションが下がり売上が悪化し、社内の雰囲気が悪くなり退職者が出てきます。家賃の滞納が続けばその場所で仕事ができなくなってしまいます。何より、そんな状況に陥ってしまっている経営者自身が、自分に苛立ちを覚え、冷静な判断を欠いてしまいます。

　外部要因の資金不足で倒産状態に陥るように見えて、実は支払の優先順位を間違えることで内部崩壊し、倒産状態に陥ることのほうが多いのです。支払を止めて見直すことに対して、取引先や税務署、金融機関の大半は、経営者から充分な説明がなされ、支払を確実にしていくための道筋を示してもらえれば、怒るどころか、逆に支援・協力してくれるはずです。

02 日繰り表の概要

　日繰り表を作成していきましょう。日繰り管理は、毎日の入出金の実績を記載していくことで、月中の資金の安定を目指すために有効な作業となります。そして実績月を基に翌月の予定を見込んでいくのです。翌月繰越金額をいくらにすればよいのかを決めることにも役に立つことになります。

　入出金の取引先がある程度固定化していれば、翌月分も実績月をコピーして、月初の残高を、前月末の残高に合わせれば翌月の予定が立ってきます。エクセルのシートコピーを使えば簡単な作業です。

　月次資金繰り表だけでは月中の資金の安定は図れません。たとえば、月中の何日に一番資金がなくなるのかを把握しているでしょうか。多くは、給料の支払日が一番会社の資金がなくなる日になるかもしれません。そのときに資金がいくら会社に残っているかが重要です。安定した経営の状態にある会社は、この時点の資金が翌月支払い金額をフルカバーしています。

　本当に資金繰りが厳しくなってくれば、会社の資金が枯渇してしまう日が明確になるでしょう。借入でその場をしのぎたくなるかもしれません。しかし、そのときに立ち止まって考えて欲しいのです。事業を見直し、改善策を明確にしないまま借入をしてしまったら、その先は借入をする前より厳しい状況に陥るリスクが出てきます。「景気の回復を待って自社の売上が上がれば何とかなる」では考えが浅すぎます。翌月繰越金額を何としても確保し、支払優先順位を決め、借入をせずに事業を継続できるようにしていく方法を真剣に検討するべきタイミングだと思います。そのうえで、翌月繰越金額を維持するために借入をすることが事業再生の可能性を大幅に高めていくことになります。

第Ⅱ部　資金繰り表を活用しよう

71

▎フォーマットの作成

　2枚のフォーマットを作っていきます。1枚目は預金出納、2枚目は現金出納です。

　預金の出納は銀行別にする必要はなく、使用している銀行口座すべてを記帳した取引履歴を1枚のシートに日ごとに転記していけばよいでしょう。日繰り表に記載する適用項目は、通帳の取引履歴に記載されているまま転記してよいでしょう。重要なのは、会社にある口座全部の合計残高が分かるようにしておくことです。現金出納は、言うまでもなく現金の入出金を1枚のシートに転記していきます。

　日繰り表に記載する適用項目は会計ルールの仕分け項目に合わせられるものは合わせ、合わせられないものは無理に合わせなくてもかまいません。誰が持ち出したかだけでもよいのです。現金残高が会社にいくらあるのかが分かるようにしておきます。預金出納、現金出納ともに、最後の欄に会社の残高の総合計が分かるようにしておきます。

　つまり、預金出納の日繰り表に現預金残高を記載し、現金出納には預金残高を記載し、総合計金額が直観的に分かるようにしておくのです。

▶次頁の「日繰り表」(預金)・(現金) は、下記のサイトからフリーに使えるフォーマット
　データがダウンロードできます。
　http://masami-omori.com/

[図表] 日繰り表（預金）

○月 日	適　用	支　出	入　金	残　高	現金残高	総残高
	前月繰越残高			10,000,000	120,000	10,120,000
1	○○銀行　引出し	200,000		9,800,000	320,000	10,120,000
	○○銀行　売掛金　(株) △△△		1,000,000	10,800,000	314,600	11,114,600
	○○信用組合　仕入先　(株) △△△	500,000		10,300,000	290,600	10,590,600
2	△△信用組合　引出し	200,000		10,100,000	490,600	10,590,600
3	■■銀行　支払手数料 (株) △△△	100,000		10,000,000	488,200	10,488,200
				10,000,000	488,201	10,488,201
				10,000,000	488,202	10,488,202
				10,000,000	488,203	10,488,203
				10,000,000	488,204	10,488,204
4				10,000,000	488,205	10,488,205
				10,000,000	488,206	10,488,206
				10,000,000	488,207	10,488,207
				10,000,000	488,208	10,488,208
				10,000,000	488,209	10,488,209
5				10,000,000	488,210	10,488,210
				10,000,000	488,211	10,488,211
				10,000,000	488,212	10,488,212
				10,000,000	488,213	10,488,213
				10,000,000	488,214	10,488,214
6				10,000,000	488,215	10,488,215
				10,000,000	488,216	10,488,216
				10,000,000	488,217	10,488,217
				10,000,000	488,218	10,488,218
				10,000,000	488,219	10,488,219
7				10,000,000	488,220	10,488,220
				10,000,000	488,221	10,488,221
				10,000,000	488,222	10,488,222
				10,000,000	488,223	10,488,223
				10,000,000	488,224	10,488,224
8				10,000,000	488,225	10,488,225
9				10,000,000	488,226	10,488,226
10				10,000,000	488,227	10,488,227
11				10,000,000	488,228	10,488,228
12				10,000,000	488,229	10,488,229
13				10,000,000	488,230	10,488,230
14				10,000,000	488,231	10,488,231
15				10,000,000	488,232	10,488,232
16				10,000,000	488,233	10,488,233
17				10,000,000	488,234	10,488,234
18				10,000,000	488,235	10,488,235
19				10,000,000	488,236	10,488,236
20				10,000,000	488,237	10,488,237
21				10,000,000	488,238	10,488,238
22				10,000,000	488,239	10,488,239
23				10,000,000	488,240	10,488,240
24				10,000,000	488,241	10,488,241
25				10,000,000	488,242	10,488,242
26				10,000,000	488,243	10,488,243
27				10,000,000	488,244	10,488,244
28				10,000,000	488,245	10,488,245
29				10,000,000	488,246	10,488,246
30				10,000,000	488,247	10,488,247
31				10,000,000	488,248	10,488,248

[図表] 日繰り表（現金）

○月	適　用	支　出	入　金	残　高	預金残高	総残高
日	前月繰越残高			120,000	10,000,000	10,120,000
1	○○銀行　引出し		200,000	320,000	9,800,000	10,120,000
	消耗品　　スーパー△×	5,400		314,600	10,800,000	11,114,600
	工具　　　ホームセンター　■△	24,000		290,600	10,300,000	10,590,600
2	△△信用組合　引出し		200,000	490,600	10,100,000	10,590,600
3	新聞図書費	2,400		488,200	10,000,000	10,488,200
				488,200	10,000,001	10,488,201
				488,200	10,000,002	10,488,202
				488,200	10,000,003	10,488,203
				488,200	10,000,004	10,488,204
4				488,200	10,000,005	10,488,205
				488,200	10,000,006	10,488,206
				488,200	10,000,007	10,488,207
				488,200	10,000,008	10,488,208
				488,200	10,000,009	10,488,209
5				488,200	10,000,010	10,488,210
				488,200	10,000,011	10,488,211
				488,200	10,000,012	10,488,212
				488,200	10,000,013	10,488,213
				488,200	10,000,014	10,488,214
6				488,200	10,000,015	10,488,215
				488,200	10,000,016	10,488,216
				488,200	10,000,017	10,488,217
				488,200	10,000,018	10,488,218
				488,200	10,000,019	10,488,219
7				488,200	10,000,020	10,488,220
				488,200	10,000,021	10,488,221
				488,200	10,000,022	10,488,222
				488,200	10,000,023	10,488,223
				488,200	10,000,024	10,488,224
8				488,200	10,000,025	10,488,225
9				488,200	10,000,026	10,488,226
10				488,200	10,000,027	10,488,227
11				488,200	10,000,028	10,488,228
12				488,200	10,000,029	10,488,229
13				488,200	10,000,030	10,488,230
14				488,200	10,000,031	10,488,231
15				488,200	10,000,032	10,488,232
16				488,200	10,000,033	10,488,233
17				488,200	10,000,034	10,488,234
18				488,200	10,000,035	10,488,235
19				488,200	10,000,036	10,488,236
20				488,200	10,000,037	10,488,237
21				488,200	10,000,038	10,488,238
22				488,200	10,000,039	10,488,239
23				488,200	10,000,040	10,488,240
24				488,200	10,000,041	10,488,241
25				488,200	10,000,042	10,488,242
26				488,200	10,000,043	10,488,243
27				488,200	10,000,044	10,488,244
28				488,200	10,000,045	10,488,245
29				488,200	10,000,046	10,488,246
30				488,200	10,000,047	10,488,247
31				488,200	10,000,048	10,488,248

▌材料

　預金通帳、小口伝票ではなく、会計ソフトから総勘定元帳の各口座取引台帳、現金出納帳を使ってもかまいませんが、諸口（出金の詳細を出さずいくつかの出金をまとめて一括記帳する）などの適用項目を会計ソフトで使っていて、日繰り表の適用項目の転記に悩むようなら、一括した項目のまま日繰り表に記載してしまってもかまいません。その日の会社の総残高資金が明確になることが重要です。

- ●口座預金通帳：当座・普通取引履歴が分かるものであれば、WEB明細でよい。
- ●現金出納帳：小口伝票（入金伝票・出金伝票）で入出金を付けているのであればその伝票。

①口座預金通帳

口座預金通帳

②現金出納帳

現金出納帳

▎日繰り表のポイント

　日繰り表の最大のポイントは、日ごとの残高を確認できることです。入金が予定どおり入ってきているかを管理しながら、支払予定を確実に実行していけるかを見極め、資金繰りが厳しいときには、支払の優先順位を自らの判断で順位づけし、必要に応じて支払優先順位にしたがって、支払期日の見直しをお願いする、などの日々単位の計画の見直しができるようにします。

● 翌月繰越残高の目安とは

　翌月繰越残高は、月次平均出金額が繰り越せることがベストです。しかし、それが厳しい状況であるなら、次月の入金前の支払予定が支払えるだけの金額が前月末で繰り越せている金額を目指しましょう。入金前の月中の資金がマイナスになりそうなら、即借入と考えることがやむをえないように思うでしょう。しかし、それが倒産リスクを増大することになります。マイナスになりそうなら、事業の中で売上入金を増やす、支払優先順位をつけるなどの対応で乗り切ることを、まずは考えて欲しいのです。

● 経営計画には日繰り表は不適切

　日繰り表では項目がバラバラなため、経営計画を立てるツール（資料・道具）としては不適切です。日繰り表を月次資金繰り表に転記して、どの項目にいくらの資金が使われているのかを明確にしていかないと計画を立てる基の資料は作れません。月次資金繰り表に数値を落とし込むことで、経費削減すべき項目が明確になり、やるべきことが明確になってきます。そればかりではありません。月次資金繰り表上の月次の総支出額を上回る売上入金を確保するためには、売上がいくら必要になる、と逆算された売上目標、売掛入金目標が明確になってくるのです。

　現預金を内部留保金額として積み増しできるように、会計ルールの損益計算書での当期利益だけにとらわれず、本質的な利益重視の経営を目指せる会社の体制と体質を作っていきましょう。

週次、5-10日管理
資金繰り表の概要

　月中のどの時点でも、会社に現預金がいくらあるのかがいつでも明確に分かるようにしておきましょう。

　また、現預金の残高が一番少ない日は、月中の何日なのか、仕入先支払の最も多い日は月中の何日にあるのか、入金は月中の何日にいくらあるのか、これらを押さえずして経営することは、まさにザルといわれる経営となってしまいます。ザルの経営は、資金の不足を補うために安易に借入を選択する行動を生みます。ピンチのときに知恵を絞り、勇気ある行動が取れるように、最低でも週次、5－10日ごとの資金繰り表を作成しておきましょう。

┃ フォーマットの作成

　事業規模によっては、日繰り表では取引数が多すぎて作成するには労力がかかりすぎます。それでも、月次資金繰り表だけで管理、経営計画を実行するには内部留保の現預金の余裕がない、という場合には月次資金繰り表を基に項目を簡易化して週次や5日ごと、10日ごとの資金繰り表を作成して管理し、経営計画を実行していきましょう。

┃ 材 料

①月次資金繰り表

▶次頁の「5－10日資金繰り表」は、下記のサイトからフリーに使えるフォーマットデータがダウンロードできます。
http://masami-omori.com/

[図表] 5−10日資金繰り表

(円)

○月 5・10日　資金繰り予定		1～5日	6～10日	11～15日	16～20日	21～25日	26～31日	合　計
営業収支	売掛金（振込）入金							0
	現金入金							0
	その他　入金							0
	売上高合計	0	0	0	0	0	0	0
	仕入支払い							0
	外注費							0
	諸経費							0
	原価合計	0	0	0	0	0	0	0
	売上総利益（粗利）	0	0	0	0	0	0	0
	役員報酬							0
	給与手当							0
	賞　与							0
	地代家賃							0
	賃借料							0
	保険料							0
	通信費							0
	水道光熱費							0
	支払手数料							0
	広告宣伝費							0
	接待交際費							0
	管理諸費							0
	雑　費							0
	販売管理費合計	0	0	0	0	0	0	0
	営業損益金額（営業利益）	0	0					0
営業外収支	収入　営業外収入							0
	小　計	0	0	0	0	0	0	0
	支出　支払利息割引料							0
	営業外支出							0
	小　計	0	0	0	0	0	0	0
	経常・税引前利益	0	0	0	0	0	0	0
	法人税、住民税、事業税							0
	当期純利益金額	0	0	0	0	0	0	0
税金等	源泉所得税							0
	社会保険料							0
	労働保険料							0
	固定資産税							0
	消費税							0
	税金等支払合計	0	0	0	0	0	0	0
	フリーキャッシュフロー	0	0	0	0	0	0	0
財務収支	金融機関借入　短期							0
	長期							0
	その他（売却等）調達							0
	借入							0
	財務収入合計	0	0	0	0	0	0	0
	金融機関借入　短期							0
	長期							0
	その他（売却等）返済							0
	返済							0
	財務支出合計	0	0	0	0	0	0	0
	財務収支合計	0	0	0	0	0	0	0
投資収支	収入・回収							
	収入（回収）合計	0	0	0	0	0	0	0
	支出・投資							
	支出合計	0	0	0	0	0	0	0
	投資収支合計	0	0	0	0	0	0	0
	当月資金過不足							
	月初繰越現預金							
	当月末現預金残高	0	0	0	0	0	0	

	1～5日	6～10日	11～15日	16～20日	21～25日	26～31日
○○信用金庫　○○支店　当座						
○○銀行　○○支店　当座						
○○銀行　○○支店　当座						
当座残高　小計						
○○信用金庫　○○支店						
○○信用金庫　○○支店						
○○銀行　○○支店						
普通預金残高　小計						
現　金						
合　計	0	0	0	0	0	0

第Ⅱ部　資金繰り表を活用しよう

▌週次、5−10日資金繰り表のポイント

月次資金繰り表の項目を簡易化して、実績から予定の精度が高くなることを目指します。

● 週次、5−10日資金繰りを活用するステージの注意

月次資金繰り表から、日繰り表まで、繰り返し翌月繰越金額の重要性には触れてきました。しかし、月末に入金が多く、月末現預金残高はいつも多く見え、月中は資金が厳しい状況があるという会社は多くあります。月末現預金残高が多くあるので、会計ルールでの月次残高試算表では、現預金残高の数値は高くなり、銀行から借入をしようとすると、与信力が高くあり、借入が容易になる場合があります。実態は資金繰りが厳しいにもかかわらず借入ができてしまう場合があるということです。

借入ができるうちは、借り入れて会社に現預金を多く持っておいたほうがよいという考え方もあります。しかし、利益をキャッシュベースで積み増せる本業の体制を作らずにそれを行なっても、先行き不確実のなかで、自社主導の本業回復策を立てず、景気や環境依存の他者頼みでの回復の期待で借入を増やしてしまうのは、倒産リスクを増すだけです。

また、視点は違いますが、同様に数値の見栄えで借入はできますが、本業のキャッシュの積み増しができる状態でないなかで、設備や人員増強などの事業投資を計画するのも倒産リスクを増すことになります。投資資金は、あくまで「内部留保ありき」で考えていきましょう。期待に対して投資する資金を借入で行なうのはリスクを取った経営というより、借りたお金で博打を打つのと似ています。

投資には、回収とリターンの計算が必要になります。回収期間は何カ月、何年を想定しているのか、純粋リターン発生はいつごろからか、金額と利回りはどのくらいか、などです。銀行利息以上のリターンがあれば、レバ

レッジ効果（てこの原理：この場合は少ない会社の現預金を与信という支点を軸に、借入で資金を大きくする）でリターンが大きくなるという計算は、リスクが高い戦略です。

　まずは、本業でのキャッシュの積み上げができる経営状態にします。次に5－10日資金繰り表において会社に一番資金が少ない日に、翌月支払総額を越える資金が確保できていること。

　この2つの基準をクリアして、資金が会社にあるのであれば、その資金を投資しないことで逆に会社の評価が下がることもあります。経営戦略の立てられない会社と評価されるわけです。本業での純キャッシュ利益の上昇率、積み上げ金額を基にした、内部留保の投資計画であれば、レバレッジをかけて借入を行なっても、増加した負債に対する返済計画も盛り込まれているのですから、正しい投資戦略といえます。ぜひ、次のチャレンジを経営戦略に盛り込んでいきましょう。

第Ⅱ部　資金繰り表を活用しよう

81

Column　資金繰り表を作成する理由

　相談に来ていただく際には、事業の概要説明の資料として決算書、残高試算表、資金繰り表を持参していただきます。資金繰り表を作成されていない会社が多いのですが、なかには独自のフォーマットですが資金繰り表を作成して資金管理をしている会社もあります。どういう会社かというと、比較的小規模の中小・零細企業で、年商２億円未満の売上、経理が２名くらい、会計ソフトは使っている、というイメージの小規模の会社が多いようです。取引数の少ないなかにあって資金繰りに厳しい会社です。

　そして、資金繰り表を付けている会社の社長のほとんどが、資金繰り表を作り始めたのは、資金繰りが厳しくなってからだといいます。会社の業績が安泰なときに資金繰り表を使って内部資金の確保に努めていればよかった、と多くの社長が後悔しています。

　つまり、「資金繰り表を作成する」理由は、資金繰りが厳しくなって切羽詰まったなかで、いつ資金が尽きてしまうのかを確認する必要に迫られて、ということのようです。

　同じ資金繰りが困難な会社でも、中堅規模の中小企業、年商10億円以上、経理・総務・人事などの部署が間接部門として10人程度、というイメージの中堅規模になると取引数が膨大になり、集計資料も多岐にわたります。この規模以上になると資金繰り表を作成していないように思います。中堅規模で取引数も膨大な量になるため、内部システムが構築されていて、少なくとも業務効率のために会計ソフトと業務集計が連動できるようになっていて、そのため、あえて資金繰り表を作る必要を感じていないということなのでしょう。

　ここで、興味深い共通点があることに気付きます。小規模の会社も中堅規模の会社も、銀行に資金調達の相談行く際に、資金繰り表は使っていな

いということです。小規模の会社にあっては、作っているのに銀行には交渉資料として使わず、銀行申し込みの際の提出資料は決算書と直近の月次残高試算表、それに、この先6カ月くらいの売掛予定表です。中堅規模の会社にあっては、決算書と直近の月次残高試算表です。資金繰り表（予定を含む）は提出しなくても審査に入ってもらえているということです。これでは中堅規模会社が、あえて資金繰り表を作ろうとは思わないのも納得いきます。

　銀行も、資金繰り表は会計ルールのように決まった形があるわけではないので、審査の標準化ができないため重要視しないのでしょう。あるいは、銀行であれば、BS、PLから資金の流れを正確に読み解き経営状況を把握できるので、借手独自の資金繰り表は必要ないということかもしれません。

　ここが、銀行と企業との関係を変えていける要因の一つになるかもしれません。企業側は、残高を合わせて正確性をある程度担保した分かりやすい形で資金繰り表を作成する。銀行側は、企業側が作成する資金繰り表を基にお金の入出金の実績を確認し、予定をヒアリングしていく。取引する全ての銀行の残高が1枚で示されていればメリットもあるはずです。手形取り扱いもない企業に受取手形・支払手形の予定が入った自行のフォーマットでしか判断しかねるというのでは、関係は今までと変わらなくなってしまうでしょう。

　借手の作成する資金繰り表に財務収支の欄があれば、必要な資金も、可能な返済金額も見えてくるはずです。

　資金繰り表を活用することは、銀行と企業の関係を、今まで以上に友好なものに変えていけるかもしれないのです。

04 資金繰り表を活用して活路を見出した事例

▌Aステージにある会社

　Aステージにある会社の関心は、今後の事業展開をどうするかという点になります。したがって、ホールディングス化や新事業を推進するためにはどうすればよいかという相談や、M&Aでシェアを拡大したいというバイサイド（買いたい側）からの相談が中心になります。

　ある程度事業を拡大することができ、取引先も安定し、財務状況も資金繰りも順調で、営業収益からの納税も借入返済も問題がなく、内部留保が潤沢で、いつでも資金調達ができるようになったので、より多角的な事業を行なえるようにホールディング持ち株会社を設立し、事業ごとに分社化していくことで、資金と人をより流動的に扱えるようにしたいのだが、という相談。あるいは、業界シェアの拡大や、異なる分野からの収益を獲得するために投資先をどうすればよいか、という相談です。

　どちらも、弁護士や公認会計士、税理士と協調してチームで取り組みます。

　Aステージにある会社で資金繰り表が活躍する場面は、ホールディングス化した後の企業それぞれの事業計画を作成していく段階や、M&Aで吸収合併したあとの事業運営の進め方を検討していく段階にあります。

　私は、卸販売会社、工具メーカー、総合建設業、人材派遣業、テレビ番組制作会社などで、それぞれの段階にあった資金繰り表の作成を行なってきた実績があります。そのいくつかを実際の事例として紹介しましょう。

▌Bステージにあり、Aステージに移行していく会社からの相談

　A社は、理容・化粧品等の卸販売会社で、年商約60億、純資産約1.5億、全国展開しており、海外店舗も持っている会社です。

　A社長から相談を受けた時、A社長の最大の課題は「人事評価制度を改定し、人件費管理を適正化して経営戦略的に役に立てたい」ということでした。マーケティングに自信のあるA社長でしたので、売上については、その自信を裏付けるように順調な推移を実績として示していました。しかし、販路拡大に連動して人員の採用と教育に多額の資金を投じているにもかかわらず、思うように人が確保しにくく、育てようとしてもうまくいかないというのが、A社長の喫緊の課題のようでした。

　社長自身も人材育成セミナーに積極的に参加したり、社内研修を導入したりと労力も資金も投じてきたのですが、ある時に気づいたそうです。「外部の一般論の導入では自社にそぐわない。ここは、自社の各部署・各人の仕事内容を経営者の立場で俯瞰して、独自に評価制度を策定していく必要がある」と。

　そこで、「事業運営には人材不足だが、経営的にはコスト比重が高い人件費を適正——適正にというのは、ただ削減を意味するのではなく、かけただけの成果があがるという意味があります——にしたい」ということで、自社の立場に立って考えて欲しいとのA社長の要望をお受けし、一緒に考えることになりました。

　A社長のこの問題を解決するだけなら、A社に合わせて昇給・賞与制度と評価方法を見直し、会社の利益分配基準と、社員のモチベーションを高められるような評価ルールを策定すればいいだけかもしれません。

　しかし、それでは、経営のほんの一部を切り取った問題の解決の提案でしかなくなってしまいます。経営は複合的な要素が組み合わさって全体を形作っているのですから、全体を俯瞰した見方からの解決策が必要となる

のです。

　経営を圧迫する、もしくは計画実行上の問題がピンポイントで指摘でき、そのボトルネックとなっている問題を抽出して解決するということでしたら、問題解決の方法をピンポイントに提案するコンサルタントで効果はあるでしょう。Ａ社長の場合は、そのボトルネックになっている問題が人事運営とコスト効率ととらえているようでした。はたしてそうなのか、そのことを明確にするためにも、まず全体像を把握する必要が私にも社長にもありました。

　Ａ社長に煙たがられながらも、私は、「全体像を把握したいので」と面倒な注文をし、各部門の役員にお願いして資料を持もって集まっていただきました。

　3年間の決算書の各項目の推移を追っていき、次年度の経営計画の立て方を、社長を含めた役員6名に同席していただいて聞き取りをしていくと、問題があるのは労務費・人件費だけではないと思えてきました。

　全体の資金の流れを把握できるような資金繰り表は作成されておらず、営業は営業、経費は経費、借入返済は借入返済と、資料はバラバラでそれらを組み合わせなければ、全体の資金繰りが見えてこないのです。そこで、会社全体の前年度分から進行期の月次残高試算表を用意してもらいました。

　バラバラな資料で経営管理をしようとし、会社全体では残高試算表で利益を確認する経営は、売上重視で利益は結果ととらえる経営管理のケースです。

　借入の内容を開示してもらうと、長期借入の返済と短期借入の返済、そこに社債の償還も組み入れられていて、現預金の維持が借入頼りになっていることがわかりました。資金繰りイコール資金調達と考えている財務管理の典型のように思えました。

　会社主導の財務管理ではなく、銀行主導で、借入が継続できるように銀行のアドバイスや提案をその都度受け入れているようでした。これ

は、一見銀行の信頼を得ているように見えるのですが、実は、銀行の言いなりで、自社の経営計画に基づく財務戦略を打ち出していないこととの裏返しなのです。会社に対して銀行は、真の信頼はしていません。ここも勘違いしてしまいがちなところでしょう。

　また、経営計画の立て方においても、問題がありました。営業を統括する役員からの売上予測、総務・経理部門からの経費・人件費予算、マーケット・店舗開発部門からの予算を、それぞれ組み込んで全体の計画値とする積み上げ型の経営計画を立てていたのです。その結果、なんと進行期である今期予測として経常利益マイナスで経営計画を立てていたのです。そのうえで、財務収支の予定を組み込んでいました。

　これでは、いくらＡ社長がマーケティングに強く売上を拡大させることに長けていても、いつ経営が厳しい状況に陥るかわかりません。すぐさま、経営全体の視点から各部署への調整をフィードバックし、黒字の事業計画とし、銀行借入返済計画も長期と短期で分け、社債の償還を見直し、月次の返済額を収益弁済出来る適正返済額に一定にすることを基軸に組み直す計画を立てました。

　Ａ社長は、商品を知り尽くし、「人しだいで売れる」と考えていました。商品に自信があるので、事業運営の推進においては人の問題が第一ととらえるのは理解できます。しかし、財務視点から経営を見ると、もっと根本的な改善が必要だと伝えました。

　そこから全体の資金繰り表の作成に取り掛かり、進行期の経営計画を利益重視の視点から各部門に調整してもらい、再計画を実行していくことから始めたのです。

　必然的に全体の経営管理数値の中の人件費として、社長の懸念であった、人事評価ルールと昇給・賞与ルールの改定にも着手することになりました。具体的には、まず、年度内賞与原資を前年粗利益からパーセンテージを決め、賞与予算として一定額の予算設定をし、その予算を上限として各人の

評価に基づく分配としました。

　現在、売上重視から利益重視の経営に転換し、多店舗展開についても店舗数を目標に出店する考え方から、店舗利益重視に転換し、統合と出店をバランスよく進めています。

　財務戦略は、全体の資金繰り表を1枚のシートに集約し、随時管理できるようにし、収益弁済が可能な月次返済額、期日返済額を自社主導で銀行と交渉し組み換えています。

　社長の懸念していた「人を集める、育てる」は、未だに苦労していますが、賞与制度、評価制度を見直してからは、離職率は低下し、経営的にも賞与予算を設定することで営業利益率アップに貢献できています。

　今は、次の段階として、各エリアの分社化や、派生する新事業のスタートを模索しているところです。

[図表] A社の図

相談時の BS・PL・資金繰りイメージ

資　産	負　債
（内現預金） 　（4億5,000万円） 16億5,000万円	15億円 （内有利子負債） 　（10億円）
（内不動産） 　（5億円）	純資産 1億5,000万円

売　上 60億円

粗利益 ……………………… 12億円
（内人件費）……………………（6億円）
営業利益 …………… 1億8,000万円
経常利益 …………… 1億5,500万円
税引前利益 ……… 1億3,000万円
当期純利益 …………… 8,000万円

● 資金繰り

月次総支出金額の平均5億円に満たない月末現預金で経営しても、常に月中に資金ショートの懸念を抱えざるえない。融資頼りの経営を続ければ、融資が出なかった時には倒産危機に陥る。

現在の BS・PL・資金繰りイメージ

資　産	負　債
（内現預金） 　（5億5,000万円） 16億5,000万円	14億円 （内有利子負債） 　（9億円）
（内不動産） 　（5億円）	純資産 2億5,000万円

売　上 60億円

粗利益 ……………………… 12億円
（内人件費）………………（5.5億円）
営業利益 ………… 2億4,000万円
経常利益 ………… 2億1,000万円
税引前利益 …………………2億円
当期純利益 ……… 1億2,000万円

● 資金繰り

月次総支出金額の平均5億円を常に現預金で確保することにより、安定した資金繰りとなる。人件費も評価・賃金規定の見直しで社員のモチベーションを向上させつつ削減が可能となる。

Cステージにあり、Bステージを経て、Aステージに移行している再生会社

　B社は、人材派遣業で、年商40億、純資産約2億円、資金繰り難から回復した会社です。

　「3カ月後に資金ショートしそうで、銀行から融資が受けられない。このままでは…」と、駆け込んできたB社長と経理部長。不足資金は約3000万円と予測していました。不足金額の予測がつくということは、資金繰り管理をしているということだろうと思い、資金繰り表を見せていただくようにお願いしました。

　売上から、原価、人件費、経費、納税、返済と差し引かれて、翌月繰越となる一般的な表がベースなのですが、翌月繰越の前に売掛金が加えられていました。つまり、入金予定額を売上入金とは別に売掛金の入金があるようにしてしまい、翌月繰越金が多くなるような表を作成していたのです。

　その資金繰り表は、実態に基づく資金繰り表として、誰が見ても納得できる表とはなっていないのです。実態より良く見せる資金繰り表と疑わざるをえません。そして、その表を用いて3カ月後の資金不足を予測していました。つまり、翌月繰越金の前に入れてしまった売掛金の欄の金額は、実態をともなわない額として見ると、不足額は売掛金予測の金額分を差し引いてさらに広がるということです。

　精度は足りませんが、緊急措置として売掛金が入った資金繰り表から、売掛金を抜いて一般的な資金繰り表の項目にしてみると、2カ月後に約2000万円の不足することになりました。さらに3カ月後には社債の償還約2000万円があり、それはどうするつもりだったのか……。仮に3カ月後に3000万円の不足予想で、3000万円の融資を受けられたとしても、調達資金不足に陥っていたかもしれません。B社長はその現実に青ざめ、経理部長に任せっきりにし過ぎたことを反省していました。B社長は

反省すると同時に、会社の再建に本気に取り掛かる決意を固め実行し始め
ました。創業社長の凄さを、改めて私も見せつけられた気がしました。

　まずは、事業が継続できるように資金繰りを安定させるため、月約800
万円の元金返済と社債の償還を長期借入として借り換えたうえで、銀行に
1年間元金返済を猶予してもらうために取引銀行すべてに再建計画を持っ
て協力をお願いしました。

　社債は、銀行からの直接貸し付けや保証協会の保証付きでの貸し付けと
違い、銀行が投資家に対し保証して発行している債権を基にした貸し付け
なので、本来他の貸し付けと同じようには応じられない種類のものです。
しかし、申し出る会社が、原因を把握し、自社の強み・弱みを再確認し、
そのうえで再建できる計画を策定し、計画の実行が可能であるなら、銀行
は最大限の協力をしてくれます。つまり、社債にしても猶予を得る方法は
あるのです。

　金融円滑化法が終了してしまっていても、実現可能な抜本的な経営再建
計画を立て銀行に協力を仰げば、銀行も真摯に受け止めて協力してくれま
す。金融円滑化法が施行されていた時には、原因の究明も、自社の強み・
弱みを見直すこともなく経営再建計画が作れなくても、厳しい現状を借
入銀行に伝えれば猶予してもらえた会社も多かったでしょう。そのために、
かえってその先が見えないままになってしまった会社が多いのではないで
しょうか。

　話をB社長に戻しましょう。かくして、すべての借入銀行から猶予を得
られたB社長は、計画策定時に気付いた問題点の解決に向けて乗り出しま
した。資金繰り管理を実態に即した形式で策定し、全体を俯瞰して資金を
管理するようにしました。そして個別には、営業手法の見直しからの交際
費の削減、売上増加のための広告の見直し、指揮命令系統を明確にするた
めの組織の再編、業務の効率化と矢継ぎ早に、順を追って粛々と、はやる
気持ちを押さえながら各課題に丁寧に対処していったのです。私も共にそ

の全ての課題をサポートさせていただき、その結果にこだわって、成果を目に見える形で出していきました。会社の再建というより改革と言ってもいい変化でした。

　B社長も、売上重視から利益重視への考え方へ意識が変わり、持ち前のアイデアで改革を進めています。資金繰り悪化、倒産の危機を迎えてから3年を迎える頃には、銀行取引も正常化し、5年目を迎える頃には、銀行から新規事業に対して、新規の資金の借入ができるようになりました。今では社債の発行ができるほどに信用も回復しています。

　そして、20年後を見込んだ新しいビジネスモデルを目指し、社内外にビジョンと理念を明確にしてＡステージに立とうとしています。

　経営の根幹は、会社に事業資金が確保し続けられることにあります。しかもその方法は、借入によるものであってはなりません。それを実現する経営ツールは、経営計画の実行に寄与する自社にあわせた資金繰り表なのです。

[図表] B社の図

相談時のBS・PL・資金繰りイメージ

資　産	負　債
（内現預金） 　　　　（3億円） 13億5,000万円	11億5,000万円 （内有利子負債） 　　　　（8億円）
不動産なし	純資産
	2億円

売　上 40億円

粗利益 …………… 4億8,000万円
（内交際費）………… （約9,000万円）
営業利益 ………………… 4,000万円
経常利益 ………………… 1,500万円
税引前利益 …………… 1,300万円
当期純利益 …………… 780万円

●資金繰り
月次総支出金額の平均3億5,000万円に満たない月末現預金で経営しても、常に月中に資金ショートの懸念を抱えざるえない。融資頼りの経営を続ければ、融資が出なかった時には倒産危機に陥る。

現在のBS・PL・資金繰りイメージ

資　産	負　債
（内現預金） 　　　　（4億円） 13億5,000万円	10億5,000万円 （内有利子負債） 　　　　（7億円）
不動産なし	純資産
	3億円

売　上 40億円

粗利益 …………… 5億2,000万円
（内交際費）………… （約3,000万円）
営業利益 …………… 1億6,000万円
経常利益 ………… 1億4,000万円
税引前利益 ……… 1億4,000万円
当期純利益 …………8,400万円

●資金繰り
月次総支出金額の平均3億5,000万円を常に現預金で確保することにより、安定した資金繰りとなる。営業の手法を見直し、交際費を削減。交際費削減と共に広告戦略の見直しで広告費に予算を振替える。売上向上と販売管理費全体に削減効果を生み出す。

E社は業歴も長く、経済情勢の変化にも負けず何とか乗り越えてきました。しかし、自社ビルや工場の購入、設備投資時の借入が膨らみ、消費税の導入から増税、社会保障料の利率上昇で納税資金も上がり、かつての資金繰りとはずいぶん変わってきました。現在は、何とか営業利益は黒字ではあるものの、返済原資が捻出しにくくなってきています。

内部では社長派と、業務を実質取り仕切っている専務派に分かれ、社内の雰囲気が良いとはいえません。そんななか社長が倒れてしまい、療養生活に入ることになってしまいました。社長が第一線を離れて2カ月を過ぎたころ、社長は、社外で働いていた長男を呼び寄せ会社を任せることにしました。一部の社員がこれを機に独立を申し出てきました。二代目の社長は、この場面で独立を申し出てきた社員に対して、怒りを表すどころか、応援する姿勢で臨んだのです。複雑な思いがあったと思います。

そんななかで、独立した会社からも支援して欲しいと依頼がありました。会社分割でも事業譲渡でもない、独立した会社は元のE社と資本の繋がりもなければ、E社に譲渡代金を支払うわけでもありませんでした。E社に貸付をしていた銀行は、この独立に対して快くは思わなかったでしょう。独立組が退社することでの人件費の削減以上に、売上の減少による業績悪化が容易に想定されたからです。しかし、だからといって銀行がこの流れを止める権限も道理もありません。債務があるなかで資産を逃したわけも、売掛になっている仕掛り資産を引き継いだわけでもありません。だから債権者だからといって銀行が独立は認めませんとは言えないはずです。

E社のケースは、事業再生の手法を考察するいい例だと思います。債務過多になり立ちいかなくなってしまった会社の社長が、社員の仕事と生活を守るために独立を申し出てき社員の後押しをして、その家族の暮らしま

で守る。独立先に自社の取引先の今後の取引を引き継いで、取引先に迷惑が掛からないようにする。独立させた会社（この場合Ｅ社）が倒産状態に陥るとしても、社員や下請け、取引先と関わる家族まで守れる裾野が広い。

　債権者は貸した金が回収できなくなるので大いに迷惑を被ると思うかもしれませんが、債権者が金融機関であれば、こういった状況に陥った債務者の会社の社長が法的に解決の道を選択するか、自らが説明義務を果たしながら対処してくれれば、貸し手も損失処理が進み、無駄に回収コストと労力をかけることもないでしょう。また、損金による税効果が得られる可能性も高い。だから、回収できなくてもいいだろうという意味ではありません。貸し手は、ビジネスとして利息を取り貸金を業として行なっているので、回収不能になった貸金の処理方法もちゃんと社内外で整備しています。厳しい事業資格・条件をクリアして貸金業を行なっていることもあり、貸付けている取引先一社に回収不能な債権が発生しても、その後も貸金業を続けていけるための法的保護システムも社会的に整備されています。

　一方、借手の事業者は、倒産状態に陥ってしまえば、その後、再生のための法的な仕組みは、破産、会社更生、民事再生と限られており、また、それぞれの法的手続きを取ろうとした時のコストが高いことから、ある程度の規模で事業をしていた資金がある会社にしか使えません。

　多くの中小・零細企業が事業を再生、再建するための法的に簡易な方法や、社会的保護システムは用意されていないのです。こういった社会のなかでの立場の違いの理解なしに、貸し手が借り手を一方的に責め立てることがあってはならないと思います。債権者がどんな対応をするかで、借手の会社の社長、従業員、取引先にあるそれぞれの家族の未来が変わってくるのです。再チャレンジできるように親身になっていただきたいと思います。

　自殺者は減少しているとはいえ、かつてはこの社会的立場の違いを無視した環境下で不況時に中小・零細企業の社長が自殺していった歴史があります。そんな歴史を繰り返さないようにしたいものです。

第Ⅱ部　資金繰り表を活用しよう

95

▌Cステージにあり、Bステージへ移行していく会社

　C社は、番組制作プロダクション、映像制作会社で、年商約1.5億、純資産マイナスですが、他社にない強みを持った会社です。「倒産するしかないのか…何としても事業を続けて行きたい…」C社長は悩んでいました。C社長は、自社の主要なプロデューサーやディレクターが独自のリサーチ力と貴重な情報ソースを持ち、アシスタントディレクターから信頼する外注先まで番組制作の技術力が高いスペシャリストが集まっている会社であると、強みを自負しています。私もスタッフの方々は職人だなあという印象を強く持ちました。ただ、経営となると弱さがあると告白していました。

　C社長が経営難に陥ったきっかけは、恒常的に制作依頼を受けていた番組が終了したことにあります。金額は一定ではないものの毎月入ってくる売上があり、それだけで年間1億円近い売上でした。そのため、資金繰り管理もそれほど重要と思わず、不足するようなら銀行から借りればよいと考えていました。銀行も、受注がコンスタントにあり、一時的な製作費の埋め合わせの資金であれば、容易に融資をしてくれていました。

　その番組がある年の春に番組改編のために終了してしまったのです。それ以後、スタッフも一部の人が去って行ったり、入金の目途がつかなかったりと会社存続の危機は何度もありましたが、独自に番組制作を受注するために伝手のある番組に企画を持ち込み何とか続けていました。当社に相談に来られた時は、資金繰り難から一時は銀行対応もどうしたらよいかわからず返済を止めたまま放置し、差押え予告通知も届くようになっていました。

　まずは、借入のある銀行へ現状を伝え、再建に協力してもらわなければなりません。何とか遅延していた分の利息分を支払い、経営改善計画を策定し、正式に元金返済猶予を受けることに成功しました。そのまま放っておけば、銀行取引が継続できなくなり、再建しても新たな融資が受けられない事態に陥っていたでしょう。

[図表] C社の図

相談時の BS・PL・資金繰りイメージ

資　産	負　債
（内現預金） 　　　（250万円） 7,000万円	1億9,000万円 （内有利子負債） 　　（1億2,000万円）
不動産なし	純資産 ▲1億2,000万円

売　上
1億4,000万円

粗利益 ………………… 4,000万円

営業利益 ……………… ▲670万円

経常利益 ……………… ▲920万円

税引前利益 …………… ▲920万円

当期純利益 …………… ▲928万円

● 資金繰り

月次総支出金額の平均1,200万円に満たない月末現預金で、経営しても常に資金ショート状態。取引先との入出金のサイト（期間）の調整で事業を継続

現在の BS・PL・資金繰りイメージ

資　産	負　債
（内現預金） 　　　（400万円） 7,000万円	1億8,000万円 （内有利子負債） 　　（1億1,000万円）
不動産なし	純資産 ▲1億1,000万円

売　上
1億6,000万円

粗利益 ………………… 4,800万円

営業利益 ……………… 300万円

経常利益 ……………… 80万円

税引前利益 …………… 80万円

当期純利益 …………… 70万円

● 資金繰り

月次総支出金額の平均1,200万円に満たないが3割は確保できるようになったものの常に資金ショート状態。取引先との入出金のサイト（期間）の調整で事業を継続中

経営管理体制が崩壊していたため、まずは賃金規定を見直し、内部の
スタッフと会社との信頼関係を取り戻しました。「会社は人が全てであ
る」とはよく言われることですが、私は、「会社と人との信頼関係が全て
だ」と思っています。信頼関係が回復すると、売上増加のための戦略が力
を持って実行されていきます。再建計画の当初は、失った恒常的に制作を
受注できる番組に代わる新たな番組を獲得するために動きましが、それは
実現できませんでした。そこで方針を変え、個別の受注番組数を増やすこ
とにし、テレビ局に働きかけました。「自社のスペシャリスト集団の番組
制作力をもってすれば、企画を通し、番組を成功させることができる」と
いうＣ社長の核心から生まれたこの戦略は功を奏しました。相談に来られ
た当初は、3、4番組しか企画を出せる窓口を持っていなかったのですが、
現在では、7、8番組に常時企画をプレゼンできる窓口を持っています。

　しかし、常時安定的に受注できる番組を持たない以上、資金繰りの不安
定は解消できません。もちろん安定収入を持たず、返済猶予中のこの時期
は、以前のように新規の融資を受けるのは容易ではありません。効果的に
経営を継続するためのツールは、やはり資金繰り表です。特にこのステー
ジにある場合は、月次の資金繰り表では管理が行き届かないため、日繰り
の資金繰り表を用いて徹底して資金を管理していく必要があります。

　入金予定日、支払予定日をなるべく早く把握し、事業に必要な資金を確
保します。具体的には、必要に応じて入金予定を早めてもらう交渉をし、
外注先には支払予定日を延長してもらったり、時には支払を分割にしても
らう交渉も必要になります。何としても事業に必要な資金として、最低限
の翌月繰越金額を確保することに注力するのです。

　この場面では、取引先に迷惑を少なからずかけてしまいます。Ｃ社長も
この時には本当に申し訳ない気持ちになるといいます。何とかこんなこと
をしなくてもすむ方法はないかと相談されることもありました。しかし、
ビジネスモデルとして、番組制作は、受注してから納品するまでの制作費

は自社負担であり、番組が大きな企画になればなるほど制作費も大きくなり自社負担も大きくなります。海外取材や長期取材ともなれば、その負担額は大きくなりや期間も長くなります。渡航費や現地支払いなどは、どうしても先に支払わなければなりません。外注先で継続して仕事をしてもらっている方々こそ大切にしなければならないのだが、迷惑をかけてしまっています。これを解消するためにこそ、現預金の翌月繰越残高を増やす努力を吐血する思いでしているのです。

　一方、取引先に協力してもらうことで、C社長率いるスタッフは、常に取引先に感謝の気持ちを持ち、以前とは見違えるような信頼関係を築いているようにも思います。それは、忘年会、新年会の際には、事務所に入りきれないくらいの人が集まるのを目の当たりにしていることから、私が感じることです。豪華なホテルやお店を予約して招待するわけではなく、自社に豪華な食事やお酒を用意できるわけでもありません。貰い物の品や、ささやかなつまみくらいしかないのですが、人が溢れるくらい集まるのです。人が集まると活気が出て、その活気は会社の業績に良い影響を及ぼします。

　ここ数年の間には、当期純利益が500万円以上の年があったり、逆に、500万円の赤字になる年もありました。その都度、原因の究明と今後の経営方針を見直していますが、純資産をプラスにするには、もうひと工夫する必要があります。

　C社長率いるプロフェッショナル集団は、持ち前の職人気質で仕事の質には徹底的にこだわり、視聴者が面白くないと思うものは作りません。だからこそ、利益度外視で制作してしまう傾向にある、いや、以前はありました。今は、利益重視の番組制作が必要だと認識するようになっています。それは質を落として儲けに走るということではなく、質を高めるためにも、利益を出して、協力してくれている全ての人に少しでも報いたいと全員が思っているからです。C社長は、困難を抱えている全ての中小・零細経営者に「あきらめるのは早すぎる」と身をもって伝えてくれています。

▌Dステージにあり、Cステージに移行していく会社

　Dステージにある会社には、アイデアから起業する会社と、引き継いで独立する会社、2種類のタイプがあると思います。

　アイデアから起業する会社は、設立準備から初期の稼働、資金繰り管理を同時に行なっていきます。起業する場合に絶対に必要なものは、初期にかかるお金そのものではありません。この点は多くの人が勘違いしていることだと思います。絶対に必要なものは、起業したと同時に売上が上がるビジネスモデルかどうかなのです。

　店舗を持つ飲食や物販は、開店のための初期資金が必要なのだから「お金でしょう」という人がいるかもしれませんが、開店後すぐに売上が上げられる状態にあるかどうかのほうが重要なのです。店舗を出せば勝手にお客さんが入ってくれると思っているなら、当たる確率の少ない博打と同じくらいリスクがあるといってよいでしょう。これまでの人脈を生かした集客が見込める、商品化したら購入してくれる人や会社がすでにある、そういった状況にあるかどうかが重要だと思っています。提供するモノに需要があり、すぐに購入してくれる確度の高い予測が示せるのであれば、後は展開しだいで継続していける可能性は高いでしょう。ビジネスとして知名度を得て、売上が立つまで待てる資金的余裕がある人以外の起業相談に、私は、このポイントをクリアしているか否かでアドバイスをしています。

　初期投資が比較的少なく起業しやすいWEBサイト上のコンテンツやプラットフォームビジネスでも同様のことが言えます。初期投資が少ないから失敗してもいいというわけではないでしょうが、そういう考え方をする傾向の参入者が多いように思われます。必ず買ってくれる人がいる、有料で利用する人がいることが大前提です。そしてその人たちにサービスを提供し続けることは、参入のしやすさと裏腹に厳しい経営の現実があります。資金繰りを基に経営していく覚悟と忍耐が必要になります。需要に応え続

けられるビジネスモデルであること、この点はどんなビジネスでも同じことだと思っています。

　もう一つ重要なポイントは、閉め時を決めることです。夢と希望、不安を抱えて起業しようとするときに、そんな話は聞きたくないという人も多いでしょう。しかし、この決断ができるかできないかでその後が変わってくるように思います。経営の数値達成への取り組み方や、方針転換の決断ができるか否かは経営者にとって必要な資質なのです。

　では、引き継いで独立する会社とはどういうものでしょうか。たとえば、元いた会社から取引先の一部を引き継いで独立する場合があります。この場合は、アイデアから起業するケースで触れた起業条件を初めからクリアしています。独立した直後であっても、取引先を引き継いでいるのですからすぐに売上が見込めます。経営における数値も想定しやすく、数値が見えるので、資金繰りの感覚も持ちやすいでしょう。経営者の資質も、自らが管理することですぐに身につくでしょう。閉め時も独立時の前会社を見ているから、どうなったら厳しくなってしまうのかも見定められるし、その傾向が見えれば方針転換するのも躊躇なくできます。

　アイデアから起業する会社も、引き継いで起業する会社も、初めから分かりやすい月次資金繰り表、あるいは日繰り表で入出金を管理することを癖付けて経営していけば、利益重視で財務戦略のある経営ができ、その場しのぎの過大な借入れをしなくてもすみます。起業という言葉に魅力を感じる人は多いでしょうが、継続する戦略と覚悟を持って博打にならないようにして欲しいと思います。

Column　廃業を検討する

　「新たに資金は借りられない」、「借入の返済条件を申し出て元金の返済を猶予してもらった」、「仕入、外注先に支払い期日を伸ばしてもらう協力も得て、資金繰り管理を徹底しても資金不足」、「従業員の給与の遅延まで発生させてしまった」というような状況になってしまえば、廃業を検討することも一つの選択肢です。

　この場面で弁護士に相談に行けば、間違いなく破産を薦められるでしょう。破産するにしても、破産申請するための裁判所への予納金で、個人の破産まで含めて考えると事業規模や財産が少なくても200万円以上の資金が必要になるでしょう。弁護士費用も別途かかります。

　弁護士に着手金を払って、破産方針で事業を停止して、債権者に通知し、破産申請の資金を準備する方法もありますが、予納金や弁護士費用が用意できなければ破産もできません。その資金が捻出できるなら、事業を続けた方がよいと考える事業主も多いのです。完全な行き詰まりのように思えます。

　こうなってしまった場合の経営者の心境は複雑で冷静になれず、言わば頭の中が真っ白な状態になり、どう行動すればわからなくなってしまっています。しかし、やるべきこと、目指すものがはっきりすれば、冷静に行動がとれるようになります。

　まず、現状を再確認してみます。今、手元にいくらの現預金があるのか。今後売上があるのか、ないのか。あるのなら、その売上を上げるための原価と人件費、固定費は最低限いくら必要なのか。次の入金までの一切の支払を止めて、入金後に事業に関わる通常支払いをしたとしたらキャッシュベースで営業黒字になるのか、ならないのか。なるのであれば、事業を継続することは可能かもしれない。と、一つずつ　確認していきます。それ

だけで冷静さを取り戻していけます。

　それでも、事業として成り立たないビジネスモデルになっていることを確認したら、守るものを再確認していきます。自分の家族が生活するための家、家族を支える収入をどこで得るか、とここまで頭の中が整理できれば、対応のための行動もはっきりしてきます。

　事業を廃業しても、生きて行くため、収入を得るために、どんなことであれ再挑戦していかなければなりません。その気力を高めなければならないのですが、そのためには、廃業時でも生活基盤はできるかぎり守っておく。特に家が重要です。住む場所が変わらずに生活基盤が残せることがどれだけ心の支えになるかは、家を守った時に実感すると思います。

　自宅が持ち家であれば、売らざるをえなくなります。売らざるをえないとしても、リースバックと言って、自宅物件を第三者の他人に買ってもらい、買ってもらった人から賃借して、その家に家賃を払って住み続けるという方法があります。

　生活基盤のその土地を離れることなく、近隣の人に変化を悟られることなくそこに住み続けることができるわけです。家族の生活環境を維持できることは、何よりも心の支えになるはずです。また、その家を状況が好転したら身内で買い戻せる可能性も出てきます。まずは、検討してみることです。

　次に収入。取引先や知人、友人など今までの縁を頼りに就業させてもらう、あるいは外注として仕事を出してもらう、ハローワークや転職媒体をとおしてサラリーマンとして就業する。とにかく収入を確保することです。ここまで、今の厳しい事業を続けながらも自身で行動し整理がついてから、各債権者にどう対応するか考えればよいのです。

　この場面でも、まだ破産方針で弁護士に依頼しに行くのは早いでしょう。多くの経営者は、こんな時でも仕入、外注先などには、少しでも支払いをしてできる限り迷惑をかけたくないと思うものです。

破産方針で法的手続きの準備をしてしまうと、金融機関の借金返済も仕入・外注先の支払も同等に扱われるため、今ある資金を銀行の返済は後回しで、仕入・外注先を優先して支払いたいといっても、それはできません。ですから、破産方針で法的手続きをしたいと思っても、まずは、仕入・外注先に事前に説明に行き、支払い含めできる限りのことをしたうえで手続きを始めたほうがよいでしょう。

この行動の結果、廃業した後に外注で仕事を受けられるように支援してくれた社長もいますし、うちで働かないかと就業させてくれた社長もいます。廃業の最後の対応が破産という法的手続きしかないというわけではないのです。破産手続きを取らず、各債権者ときちんと連絡を取り、現状を報告しつつ、できる範囲でわずかずつでも返済をしながら和解するという方法もあります。

破産か自主対応か選択できるまでやり遂げたなら、その後の生活収支に改めて真剣に取り組みましょう。資金繰り表は生活状況表と形を変えます。事業の収支と生活収支は似て非なるものですが、資金のストックを作っていくという点では同じだと言えます。

また、自主対応で債権者に対して少額の返済をしながら、和解の道を目指すにしても、その支払いが精一杯であることのエビデンス（証拠）として示せる資料を作ることにもなります。

もうダメだ…と思ったとしてもあきらめるのは早い。逃げずに問題を整理して対応して行けば必ず道は開ける。再チャレンジできるのです。

第Ⅲ部 事例で学ぶスタートアップ

　進行する少子高齢化や「働き方改革」などの政策は、これまでの雇用や就業に対する考え方を根底から変えています。学卒の新入社員は、就職した会社が生涯の就業先だとは考えなくなってきています。雇用者側の企業も終身雇用という考え方をしなくなってきています。会社に就職することで得られた安定した仕事と収入が幻想となりつつあります。

　希望の会社、職種に就いたとしても、非正規など不安定な雇用形態であったり、仕事の面でも年功型の上下関係に縛られ自分の力が発揮できず、熱意が削がれてしまうという事例もあるようです。他方、企業の側も、さまざまな労働規制に縛られずに社員を働かせることができる就労形態を採用したり、副業を解禁、奨励するといった事例も出てきています。

　日本で長く続いてきた安定を重視した企業への就職や、企業側の入社した社員は自社に尽くしてくれるもの、という前提が崩れつつある中にあっては、やりたい仕事で希望の収入を得るという自己実現型の社会参加が求められていきます。結果として起業（スタートアップ）が、会社に就職しない働き方として、また企業に縛られない働き方の選択肢として身近なものになってきてます。

　しかし、起業するといっても、どのように進めていけばよいのか不安が先立ちます。スタートアップの計画づくりに際しても資金繰り表を活用すると、実現可能な方法を探ることができ、資金調達に至るまでの具体的な計画づくりに役立つはずです。

　ここでは3つの事例を紹介しながら、スタートアップにおける資金繰り表の活用方法を紹介していきます。

01 専業主婦がアイデアから起業する

　まず初めに紹介するのは、会社勤めから結婚で退職、出産を経て子育ても一段落してきたものの、結婚前のように会社でバリバリ仕事をするという生活スタイルは望んでいなかったYさんのケースです。

┃ ないなら自分で作ろう

　家庭に入り子育て中心の生活になりながらも社会情勢に疎くならないようにと、ジャンルを問わずネットでの情報収集は欠かしていなかったYさん。それが、結果としてマーケティング調査に繋がっていました。

　Yさんは、女性のスーツやブレザーは襟章を付けるためのボタンホールがないものが多く、襟章を付けるタイミングで服に穴を空けざるえないのか、と落胆する女性が多いことに気付きました。そこで、服に穴を空けずに装着できるような襟章クリップがあったらいいのにと思い、そういう商品はないものかと調べたのですが、なかなか見つからなかったそうです。

　調べていくうちに、男性のスーツやブレザーでも、襟章を付けるためのボタンホールは、実際には穴の空いていない飾りとして装飾されているものが多く、いざ襟章を付けるとなると困ってしまっているらしい、との隠れたニーズの発見にもつながりました。

　そこで、Yさんは、一念発起して「ないのなら作って売ろう！」と思い、起業の道を模索しはじめました。起業とは、ニーズに対して、「ないなら自分で作ろう！」が本質的であると思います。

┃ まずは個人事業主として無理なくスタート

　Yさんは、①アイデアを形にするにはどうしたらよいのか、②事業とし

て成立させるにはどうしたらよいのか、の2点に集中して準備をしていきました。

　アイデアを形にするといっても、工作機械など持っていないので、作ってくれる工場を探さなければなりません。そこで、親身に相談に乗ってくれるという大田区のS製作所の社長にアポイントを取り、アイデアを形にするにはどうしたらよいのかを相談に行きました。そんな主婦の思い付きでの製品化など現実味がないと、取り合ってもくれないのではないかと不安でしたが、親身になって具体化に向けての提案をしてくださいました。

　「コンセプトやアイデア図だけでは形にしにくい。自分のアイデアに近い既存の製品や材料のサンプルを集めるように」とアドバイスいただき、サンプルを揃えたことで、設計がより具体的になりました。

　製品化については、「サンプル製造のときから量産製造ラインまでを意識して製造委託先を選定した方がよい」、しかし、「4D、3Dという最先端の精密部品の製造にシフトしてきている国内の工場では、商品の特性から請負先も見つけづらくコストも高くなる」と、S社長からアドバイスをいただきました。さらに、S社長自ら中国視察の行動スケジュールに、製品化に向けた現地製造工場の探索に時間を割いてくださいました。

　中国工場の見積もりを受けて製品化の目途がたち、ビジネスモデルと販売戦略を考えていくなかで、事業として成立させるにはどうすればよいかを検討する際に、『使える！資金繰り表の作り方』を活用して事業計画の作成に役立てました。

　商工会議所や銀行担当者からは、「お金を、いつごろ、何に、どう使うのかがわかりやすく示されており、資金管理シミュレーションとして明確に伝わるので、継続して実績を記入し続けるとよいですよ」と評価をいただけたことに、Yさんは喜んでいました。さらに、創業融資や補助金・助成金などのアドバイスももらいました。

　S製作所にアポイントを取り行動する過程で、Yさんは知人の紹介で私

のところにアドバイスを求めて来ていました。資金の心配をしていたので、「事業化においては、初めから会社を設立して、事務所を構えるといった初期投資が大きくなるようなことはしないで、まずは個人事業主として無理なくスタートした方がよい」とアドバイスをしました。

Ｙさんは、起業セミナーなどに参加している時には、「会社の設立費用に50万円くらい、事務所を借りるのに家賃月20万円くらいなら、敷金・礼金・一月分の前家賃と仲介手数料で100万円くらい、それだけで150万円。事務機器など専業主婦の自分にリースが組めるのだろうか、リースを組んだとしても多額の借金になってしまう。そこに製造委託代金などを考えると、大きなお金を借金として抱えなきゃならないのか」など、お金の心配と、そのことで家族に迷惑がかかったら申し訳ないなどと考えて、諦めようかとも思っていたそうです。

しかし、個人事業主として、自宅で、家族の理解を得られる無理のない資金で、できることから小さくスタートすると決めたことで初期投資の心配が大幅に軽減され、アイデアを事業として始めることができました。

専業主婦であっても、自分のペースで、自分らしく仕事をしようと思った時に、これで挑戦してみたいと思える事案にめぐり合えると、行動する勇気が湧きます。そして、多くの人が助けてくれます。

これから起業を考えている人にＹさんからのアドバイスは、「行動してみるという勇気を持って一歩を踏み出すことだ」と言います。

第Ⅲ部　事例で学ぶスタートアップ

109

[図表] 初期投資が大きく、事業化を諦めようと思った資金繰り表

(円)

【備考1】融資あり計画	1月目	2月目	3月目	4月目	5月目	6月目	7月目	8月目	9月目	10月目	11月目	12月目	合計CF	売上比率
商品売上			100,000	500,000	500,000	500,000	1,000,000	1,000,000	1,000,000	1,500,000	1,500,000	1,500,000	9,100,000	100.00%
その他 収入													0	0.00%
売上高合計	0	0	100,000	500,000	500,000	500,000	1,000,000	1,000,000	1,000,000	1,500,000	1,500,000	1,500,000	9,100,000	100.00%
原材料仕入高			300,000										300,000	3.30%
原材料仕入			300,000										300,000	3.30%
賃金		150,000	150,000	150,000	150,000	150,000	150,000	150,000	150,000	150,000	150,000	150,000	1,650,000	18.13%
給料													0	0.00%
雑給													0	0.00%
労務費合計		150,000	150,000	150,000	150,000	150,000	150,000	150,000	150,000	150,000	150,000	150,000	1,650,000	18.13%
消耗品費													0	0.00%
雑費													0	0.00%
諸経費合計													0	0.00%
外注加工費		1,000,000	3,000,000										4,000,000	43.96%
外注加工費		1,000,000	3,000,000										4,000,000	43.96%
原価合計	0	1,150,000	3,450,000	150,000	150,000	150,000	150,000	150,000	150,000	150,000	150,000	150,000	5,950,000	65.38%
売上総利益（粗利）	0	-1,150,000	-3,350,000	350,000	350,000	350,000	850,000	850,000	850,000	1,350,000	1,350,000	1,350,000	3,150,000	34.62%
役員報酬		200,000	200,000	200,000	200,000	200,000	200,000	200,000	200,000	200,000	200,000	200,000	2,200,000	24.18%
給料手当													0	0.00%
賞与													0	0.00%
事務用消耗品費				20,000	20,000	20,000	20,000	20,000	20,000	20,000	20,000	20,000	300,000	3.30%
地代家賃	200,000	200,000	200,000	200,000	200,000	200,000	200,000	200,000	200,000	200,000	200,000	200,000	2,400,000	26.37%
賃借料	40,000	40,000	40,000	40,000	40,000	40,000	40,000	40,000	40,000	40,000	40,000	40,000	480,000	5.27%
保険料	60,000												60,000	0.66%
租税公課	450,000												450,000	4.95%
諸会費													0	0.00%
図書新聞費													0	0.00%
消耗品費													300,000	3.30%
旅費交通費		10,000	10,000	10,000	10,000	10,000	10,000	10,000	10,000	10,000	10,000	10,000	110,000	1.21%
通信費		40,000	40,000	40,000	40,000	40,000	40,000	40,000	40,000	40,000	40,000	40,000	440,000	4.84%
水道光熱費		30,000	30,000	30,000	30,000	30,000	30,000	30,000	30,000	30,000	30,000	30,000	330,000	3.63%
支払手数料	200,000												200,000	2.20%
研修費				100,000	100,000	100,000	100,000	100,000	100,000	100,000	100,000	100,000	1,900,000	20.88%
広告宣伝費													0	0.00%
接待交際費									100,000			100,000	200,000	2.20%
管理諸費	200,000	50,000	50,000	50,000	50,000	50,000	50,000	50,000	50,000	50,000	50,000	50,000	550,000	6.04%
販売管理費合計	1,150,000	1,170,000	1,090,000	690,000	690,000	690,000	690,000	690,000	690,000	690,000	690,000	690,000	9,620,000	105.71%
営業損益金額（営業利益）	-1,150,000	-2,320,000	-4,440,000	-340,000	-340,000	-340,000	160,000	160,000	160,000	660,000	660,000	660,000	-6,470,000	-71.10%
受取利息													0	0.00%
受取配当金													0	0.00%
雑収入													0	0.00%
小　計	0	0	0	0	0	0	0	0	0	0	0	0	0	0.00%

（左端区分：営業収支／収益）

項目													合計	構成比
営業外収支 支出 支払利息割引料	0	240,000	240,000	240,000	240,000	240,000	240,000	240,000	240,000	240,000	240,000	240,000	2,640,000	29.01%
雑損失	0	0	0	0	0	0	0	0	0	0	0	0	0	0.00%
小計	0	240,000	240,000	240,000	240,000	240,000	240,000	240,000	240,000	240,000	240,000	240,000	2,640,000	29.01%
経常利益金額（経常）	-1,150,000	-2,560,000	-4,680,000	-580,000	-580,000	-580,000	-80,000	-80,000	-80,000	420,000	420,000	420,000	-9,110,000	-100.11%
特別利益													0	0.00%
特別損失													0	0.00%
税引前当期純利益金額	-1,150,000	-2,560,000	-4,680,000	-580,000	-580,000	-580,000	-80,000	-80,000	-80,000	420,000	420,000	420,000	-9,110,000	-100.11%
法人税、住民税、事業税													0	0.00%
当期純利益金額	-1,150,000	-2,560,000	-4,680,000	-580,000	-580,000	-580,000	-80,000	-80,000	-80,000	420,000	420,000	420,000	-9,110,000	-100.11%
税金等 源泉所得税													0	0.00%
社会保険料			110,000	110,000	110,000	110,000	110,000	110,000	110,000	110,000	110,000	110,000	1,100,000	12.09%
労働保険料								30,000					30,000	0.33%
固定資産税													0	0.00%
消費税													0	0.00%
税金等支払合計	0	0	110,000	110,000	110,000	110,000	110,000	140,000	110,000	110,000	110,000	110,000	1,130,000	12.42%
フリーキャッシュフロー	-1,150,000	-2,560,000	-4,790,000	-690,000	-690,000	-690,000	-190,000	-220,000	-190,000	310,000	310,000	310,000	-10,240,000	-112.53%
財務収支 金融機関借入 短期													0	0.00%
長期		20,000,000											20,000,000	219.78%
その他（売却等）調達													0	0.00%
借入（未収・預・仮受）													0	0.00%
金融機関収入合計	0	20,000,000											20,000,000	219.78%
金融機関借入 短期													0	0.00%
長期 返済		238,000	238,000	238,000	238,000	238,000	238,000	238,000	238,000	238,000	238,000	238,000	2,618,000	28.77%
その他（売却等）返済													0	0.00%
返済（未払・仮払）													0	0.00%
財務支出合計	0	238,000	238,000	238,000	238,000	238,000	238,000	238,000	238,000	238,000	238,000	238,000	2,618,000	28.77%
財務収支合計	0	19,762,000	-238,000	-238,000	-238,000	-238,000	-238,000	-238,000	-238,000	-238,000	-238,000	-238,000	17,382,000	191.01%
投資収支 収入 A社 増資													0	0.00%
B社 回収													0	0.00%
設備投資	600,000	100,000	100,000	100,000									900,000	
B社 投資													0	0.00%
支出合計	600,000	100,000	100,000	100,000	0	0	0	0	0	0	0	0	900,000	9.89%
投資収支合計	-600,000	-100,000	-100,000	-100,000	0	0	0	0	0	0	0	0	-900,000	-9.89%
当月資金過不足	-1,750,000	17,102,000	-5,128,000	-1,028,000	-928,000	-928,000	-428,000	-458,000	-428,000	72,000	72,000	72,000		
月初繰越現預金	2,000,000	250,000	17,352,000	12,224,000	11,196,000	10,268,000	9,340,000	8,912,000	8,454,000	8,026,000	8,098,000	8,170,000	8,242,000	
当月末現預金残高	250,000	17,352,000	12,224,000	11,196,000	10,268,000	9,340,000	8,912,000	8,454,000	8,026,000	8,098,000	8,170,000	8,242,000	8,242,000	

													合計	
○○信用金庫 ○○支店 / ○○銀行 ○○支店 普通預金残高 小計	0	17,352,000	12,224,000	11,196,000	10,268,000	9,340,000	8,912,000	8,454,000	8,026,000	8,098,000	8,170,000	8,242,000	8,242,000	
現金	2,000,000	250,000	0	0	0	0	0	0	0	0	0	0	0	
合計	2,000,000	17,352,000	12,224,000	11,196,000	10,268,000	9,340,000	8,912,000	8,454,000	8,026,000	8,098,000	8,170,000	8,242,000	8,242,000	

[図表] 事業化に無理なく挑戦できると、決断ができた資金繰り表

（円）

【やってみよう！】融資なし計画	1月目	2月目	3月目	4月目	5月目	6月目	7月目	8月目	9月目	10月目	11月目	12月目	合計CF	売上比率
収入　商品売上			100,000	100,000	100,000	100,000	100,000	100,000	100,000	100,000	100,000	100,000	1,000,000	100.00%
その他													0	0.00%
売上高合計	0	0	100,000	100,000	100,000	100,000	100,000	100,000	100,000	100,000	100,000	100,000	1,000,000	100.00%
原材料仕入	0	0	300,000	0	0	0	0	0	0	0	0	0	300,000	30.00%
原材料仕入高	0	0	300,000	0	0	0	0	0	0	0	0	0	300,000	30.00%
賃　金													0	0.00%
雑　給													0	0.00%
労務費合計	0	0	0	0	0	0	0	0	0	0	0	0	0	0.00%
消耗品費													0	0.00%
雑　費													0	0.00%
諸経費合計	0	0	0	0	0	0	0	0	0	0	0	0	0	0.00%
外注加工費	0	1,000,000	0	0	0	0	0	0	0	0	0	0	1,000,000	100.00%
外注加工費高	0	1,000,000	0	0	0	0	0	0	0	0	0	0	1,000,000	100.00%
原価合計	0	1,000,000	300,000	0	0	0	0	0	0	0	0	0	1,300,000	130.00%
売上総利益（粗利）	0	-1,000,000	-200,000	100,000	100,000	100,000	100,000	100,000	100,000	100,000	100,000	100,000	-300,000	-30.00%
役員報酬													0	0.00%
給与手当													0	0.00%
賃　金													0	0.00%
事務用消耗品費													0	0.00%
地代家賃													0	0.00%
賃借料													0	0.00%
保険料													0	0.00%
租税公課													0	0.00%
諸会費													0	0.00%
図書新聞費													0	0.00%
旅費交通費													0	0.00%
通信費													0	0.00%
水道光熱費													0	0.00%
支払手数料													0	0.00%
研修費													0	0.00%
広告宣伝費													0	0.00%
接待交際費													0	0.00%
管理諸費													0	0.00%
雑費													0	0.00%
販売管理費合計	0	0	0	0	0	0	0	0	0	0	0	0	0	0.00%
営業損益金額（営業利益）	0	-1,000,000	-200,000	100,000	100,000	100,000	100,000	100,000	100,000	100,000	100,000	100,000	-300,000	-30.00%
収益　受取利息	0	0	0	0	0	0	0	0	0	0	0	0	0	0.00%
受取配当金	0	0	0	0	0	0	0	0	0	0	0	0	0	0.00%
雑収入	0	0	0	0	0	0	0	0	0	0	0	0	0	0.00%
小　計	0	0	0	0	0	0	0	0	0	0	0	0	0	0.00%

営業収支

		小 計												

営業外収支・支出

項目	値の推移	率
支払利息割引料	0 …	0.00%
雑損失	0 …	0.00%
小　計	0 / -1,000,000 / -200,000 / 100,000 / 100,000 / 100,000 / 100,000 / 100,000 / 100,000 / 100,000 / 100,000 / 100,000 / -300,000	-30.00%
経常利益金額（経常）	0 / -1,000,000 / -200,000 / 100,000 / …	0.00%
特別利益	0 …	0.00%
特別損益	0 / -1,000,000 / -200,000 / 100,000 / … / -300,000	-30.00%
税引前当期純利益金額	0 / -1,000,000 / -200,000 / 100,000 / … / -300,000	-30.00%
法人税、住民税、事業税	0 …	0.00%
当期純利益金額	0 / -1,000,000 / -200,000 / 100,000 / … / -300,000	-30.00%
源泉所得税		0.00%
社会保険料		0.00%
労働保険料		0.00%
固定資産税		0.00%
消費税		0.00%
税金等支払合計	0 / -1,000,000 / -200,000 / 100,000 / … / -300,000	-30.00%
フリーキャッシュフロー	0 / -1,000,000 / -200,000 / 100,000 / …	0.00%
金融機関借入　短期	0 …	0.00%
長期	0 …	0.00%
その他（売却等）調達		0.00%
借入（未収・預・仮）受取		0.00%
財務収入合計	0 …	0.00%
金融機関借入　短期	0 …	0.00%
長期	0 …	0.00%
その他（売却等）返済		0.00%
返済（未払・仮払）		0.00%
財務支出合計	0 …	0.00%
財務収支合計	0 …	0.00%
A社　増資	0 …	0.00%
B社　回収	0 …	0.00%
収入（回収）合計	0 …	0.00%
設備投資	0 …	0.00%
B社　投資	0 …	0.00%
支出合計	0 …	0.00%
投資収支合計	0 …	0.00%

項目	値の推移
当月資金過不足	-1,000,000 / -200,000 / 100,000 / 100,000 / 100,000 / 100,000 / 100,000 / 100,000 / 100,000 / 100,000 / 100,000
月初繰越現金	2,000,000 / 1,000,000 / 800,000 / 900,000 / 1,000,000 / 1,100,000 / 1,200,000 / 1,300,000 / 1,400,000 / 1,500,000 / 1,600,000 / 1,700,000
当月末現預金残高	2,000,000 / 1,000,000 / 800,000 / 900,000 / 1,000,000 / 1,100,000 / 1,200,000 / 1,300,000 / 1,400,000 / 1,500,000 / 1,600,000 / 1,700,000

○○信用金庫　○○支店
○○銀行　○○支店

項目	値の推移
普通預金残高　小計	2,000,000 / 1,000,000 / 800,000 / 900,000 / 1,000,000 / 1,100,000 / 1,200,000 / 1,300,000 / 1,400,000 / 1,500,000 / 1,600,000 / 1,700,000
現　金	0
合　計	2,000,000 / 1,000,000 / 800,000 / 900,000 / 1,000,000 / 1,100,000 / 1,200,000 / 1,300,000 / 1,400,000 / 1,500,000 / 1,600,000 / 1,700,000

第Ⅲ部　事例で学ぶスタートアップ

113

▌「断念」から「やってみよう！」に変わる資金繰り表の活用

● 「事業化するには会社設立が前提だ」というイメージを見直しましょう。

創業資金として、会社設立資金や事務所賃貸契約、事務機リース契約と多額のお金が必要になると思いこんでいませんか。

【断念】会社設立資金として約50万円、事務所賃貸契約約100万円、応接備品、事務機器も最低限必要と予算は膨れ上がるばかり。

➡ 手元資金で無理なく始めるには、個人事業主からでもできそう。やってみよう！

● 「事務員や手伝いの人件費として最低1人分は必要だ」というイメージを見直しましょう。

事務所を持ち、そこに常駐の電話番は最低でも必要。事業主になるなら、社会保険の加入も必要になるから、最低限の報酬は受け取らないと、と思いこんでいませんか。

【断念】パートとして月額15万円、自分の報酬として社会保険も入ることから月額20万円は必要になる。

➡ 自分が中心になって考え、動き、家族の協力を得て、製造から、販売計画を立てればできそう。人件費予算は必要なさそう。やってみよう！

● 創業資金は「創業支援融資、補助金を真っ先に検討する」というイメージを見直しましょう。

起業するなら、創業支援融資や補助金を受けるべきだ、創業支援融資は最大限まで借りた方がよいと思いこんでいませんか。

【断念】創業支援の補助金は受けられない。融資として資本金の10倍まで、と計画をたてて融資実行を前提に進めても、その資金使途と収支からの返済計画が実現可能とは本人にも思えなくなっている。

➡個人事業主として小さく始めれば、製造ラインも確保しているし、販売方法を考えれば、手持ち資金で借入れしなくてもできそう。やってみよう！

▌まとめ

　アイデアがあるのに、資金がないから事業化できない。創業支援融資や補助金が受けられれば起業したいけど、受けられないならできない。起業したいけど、怖くて踏み切れない。起業を検討すると、「起業するためのお金」に関心が集中しがちですが、そこが本質的な問題ではないことに早めに気付きましょう。

　本質的な問題は、自分の始めようとするビジネスの商品やサービスの提供が、「ニーズにあっているかどうか」にあるはずです。

　事業としての形式や、融資や補助金を受けるための会社設立や計画の形式に囚われて、その後の資金繰りの実現可能性に自信が持てなくなって、起業を断念することになるのは、本当に残念なことです。

　あなたが、それを世に出さなければ、世の中にその商品やサービスは存在できなくなってしまいます。できることから、勇気をだして起業してみましょう！

02 リスクを取って私も起業してみたら

　資金繰り表を活用した経営を推奨し、実際に資金繰り表を基本ツールとして経営コンサルタントの実務に活かしている私ですが、この理念や活動に賛同いただいき資金繰り表作成アプリの開発をしてくださったソフト開発会社のH社長から、私自身で起業することを提案されました。実例として、自分自身がやってみることで検証ができますので、起業に資金繰り表が活かせるのか実験するよい機会だと思い、起業にチャレンジしてみました。その経緯を紹介して検証していきます。

▌起業するサービスの課題を検証

　資金繰り表の作成は百社百様です。業界特有のお金の流れがありますし、売上として記載されている金額も売上と現金入金が一致する物販・飲食の会社から、請求を出した時に売上として計上し、売掛先からの入金は1カ月後、3カ月後という会社。建設や建築関係、プロジェクト単位の仕事の受注であれば、売上として計上するのは、契約書を基準に契約時としている会社や納期後の請求時という会社もあります。一方、施主やプロジェクト発注主からの入金は、契約後の着手金や中間金、納期後請求を出した1カ月後だったりします。すると、損益計算書（PL）の売上額と実際の入金額が異なってきます。

　売上額に計上されない入金は貸借貸借表（BS）に前受金や預り金などに。制作中、施工中の製品や建築物には、仕掛り品、未成工事として資産計上されることになります。

　支払いについても同じことがいえます。販売管理費にあるような経費項目の支払いは記載された数値と支出した現金が一致しますが、製造原価等

には、実際に支払った額と、買掛金、未払金で計上された金額が会計ルールで一致せず、PL、BSに振り分けられるため実際のお金の流れが、わかりにくくなります。

そこで、資金繰り表では、そのわかりにくくなったお金を財務収支で調整することで、多少大雑把ではあっても、一枚のフォーマットで実際の現預金のながれ、残高を常に意識してお金を増やしていけるようにしています。

私はクライアント会社から預かった残高試算表や現金出納帳、口座通帳、納税予定表を基に時には会計入力を現場でしながらクライアント会社それぞれに独自の資金繰り表を作成して常に前年同月の残高より多くなるように経営をサポートしています。

クライアントの社長や役員、経理担当者からヒアリングをし、打ち合わせを繰り返しながら資金管理の基本ツールとして資金繰り表を活用し、経営戦略を具体的にし、実行する優先順位を共有しています。

これを会計ソフトからデータを取り込み、独自の資金繰り表フォーマットに転記されるようなアプリケーションを作成してリリースする、という会社を立ち上げてみました。

事業計画を数値化する

事業計画を作成する際に最も重要なのが、収支計画です。私のところに起業相談に来られる方に多くみられる傾向として、ビジネスモデルや提供する商品、サービスのコンセプトや意義が熱意をもって書かれていて、収支シミュレーションが作成されていなかったり、売上重視で収支計画が見えないものを事業計画としている人がいらっしゃいます。

金融機関出身者や同業のコンサルタントの方が作成される数値予測はPL5年間予測を中心に数値化することが多いように思います。私も同じことをしています。起業にあたっては、BSとPLの3年予測がシミュレー

ションとしてよい資料のように思います。今回私はこの３年予測を創業支援融資申請資料として作成してみました。

　一般的には、いきなりPL、BSの将来予測を作成するのはハードルが高いし、経営者の肌感覚としてお金の出入りがわかりにくいと感じていましたから、実験的に年間の資金繰り表から作成してPL、BSに数値を落とし込んでいくという手順を踏んでみました。すると、スムーズに作成できることが確認できました。

　資金繰り表から作成しはじめ、PL、BSに数値を落としていく同じ手順で作成していくと、３年先のPL、BSの計画も作成が容易になることもわかりました。また、この手順を踏むと、他の起業を考えている方や、金融機関の担当者とも収支予測の理解が共有できることにメリットを感じています。

▌まとめとしての進捗報告

　起業する際に多くの人が“壁”と感じるイニシャルコスト（資本金）の準備について、その“壁”を打ち破る方法はないものかと考え、今回私は“時間”をお金の代わりに使うことにしてみました。

　最小限の開発費で、時間がかかってもよいという条件で、H社長に開発を依頼し、着手していただきました。リリースできるまでは、ビジネスとしてなりたたないじゃないか、いつまでもリリースできていないのなら当初の計画から失敗してるのではないか、とお思いになる方がいらっしゃるかもしれません。確かに主たるサービスを提供する（商品）がないまま会社を継続すれば、一見ビジネスとして成り立たないように思えます。

　私はこの事業の起業時に、「コストとして“お金”より“時間”を使うことで、起業の“壁”を打ち破ることができないか」の検証でもあったので、アプリのリリースができるまでは、起業を検討する方をサポートしようと決めていました。事業計画には、こういったうまくいかなかった場合

も想定して、事業継続できる収益の柱を数本用意しておくことも必要です。

　起業を思い立つと、その実現を速めたい気持ちから、そのビジネスモデルや商材を完璧な形にしてからスタートしようとする人が多いものです。その考え方にたつと、イニシャルコストが膨大にかかることが判明し「アイデアはあるんだけど、お金がないから」と諦めることになりかねません。非常に残念なことだと思います。

　今、自分にできることから始めてみることが起業には重要だと思っています。「お金がないからできない」と諦められる事業案であれば、本当に自分がやりたい事業かどうかを改めて自分に問うてみた方がよいと思います。

　事業は、始めるより継続する方が重要です。継続し続けるには、その事業に対する思いも継続し続けられなければなりません。

　今回、自らリスクを取って、仮説を立て、実行し、検証していくことで相談に来られる方と同じ目線をもつことができるようになったと思います。しかも、単なる成功事例のひけらかしにならない事例を自ら進めていることで、共に苦労もわかり合える気がしています。

　起業を考えている皆さん共に頑張りましょう。

[図表] 1年間の予測資金繰り表（第1期）

会員 80名　（円）

科目	月（第1期）	月	月	月	月	月	月	月	月	月	月	月	合計CF	売上比率
会員加入売上									1,000,000	1,000,000	1,000,000	1,000,000	4,000,000	25.64%
会員システム維持売上									60,000	120,000	180,000	240,000	600,000	3.85%
会員サポート売上									100,000	200,000	300,000	400,000	1,000,000	6.41%
マーケティング売上													0	0.00%
セミナー収入			400,000	800,000	800,000	800,000	800,000		1,600,000	1,600,000	1,600,000	1,600,000	10,000,000	64.10%
その他 収入													0	0.00%
売上高合計			400,000	800,000	800,000	800,000	800,000		2,760,000	2,920,000	3,080,000	3,240,000	15,600,000	100.00%
原材料仕入（使用許諾料）													0	0.00%
原材料仕入高													0	0.00%
給与賃金（パート・派遣含む）													0	0.00%
雑給													0	0.00%
賞与													0	0.00%
退職金共済積立金													0	0.00%
労務費合計													0	0.00%
消耗品費			38,880	38,880	38,880	38,880	38,880	38,880	38,880	38,880	38,880	38,880	388,800	2.49%
賃借料													0	0.00%
保険料													0	0.00%
修繕費													0	0.00%
旅費交通費			24,000	24,000	24,000	24,000	24,000	24,000	24,000	24,000	24,000	24,000	240,000	1.54%
通信費（AWS）													0	0.00%
厚生費													0	0.00%
接待交際費													0	0.00%
諸会費													0	0.00%
研修費													0	0.00%
広告宣伝費													0	0.00%
雑費													0	0.00%
諸経費合計			62,880	62,880	62,880	62,880	62,880	62,880	62,880	62,880	62,880	62,880	628,800	4.03%
外注加工費（開発費）	2,500,000	5,000,000	5,000,000										12,500,000	80.13%
外注加工費高	2,500,000	5,000,000	5,000,000										12,500,000	80.13%
原価合計	2,500,000	5,000,000	5,062,880	62,880	62,880	62,880	62,880	62,880	62,880	62,880	62,880	62,880	13,128,800	84.16%
売上総利益（粗利）	-2,500,000	-5,000,000	-4,662,880	737,120	737,120	737,120	737,120	-62,880	2,697,120	2,857,120	3,017,120	3,177,120	2,471,200	15.84%
役員報酬 CEO													2,000,000	12.82%
役員報酬 CTO													2,950,000	18.91%
給与手当													0	0.00%
賞与													0	0.00%
法定福利費													495,000	3.17%
退職共済積立金													0	0.00%
備品消耗品費													0	0.00%
事務用消耗品費													0	0.00%
地代家賃		22,680	22,680	22,680	22,680	22,680	22,680	22,680	22,680	22,680	22,680	22,680	249,480	1.60%
通信費													0	0.00%
水道光熱費													0	0.00%
支払手数料	60,780												60,780	0.39%
研修費								150,000					150,000	0.96%
車両費													0	0.00%
保険料													0	0.00%
修繕費													0	0.00%
創立費	150,000												150,000	0.96%
租税公課													0	0.00%
諸会費													45,000	0.29%
図書新聞費													0	0.00%
旅費交通費													0	0.00%
通信費													0	0.00%

営業収支

広告宣伝費			70,000	70,000	70,000	70,000	70,000	70,000	70,000	70,000	70,000	70,000	700,000	4.49%
接待交際費													0	0.00%
リース支払													0	0.00%
管理諸費													0	0.00%
雑費		30,000	30,000	30,000	30,000	30,000	30,000	30,000	30,000	30,000	30,000	30,000	330,000	2.12%
販売管理費合計	0	263,460	287,680	287,680	287,680	452,680	452,680	452,680	1,112,680	1,112,680	1,112,680	1,112,680	6,935,260	44.46%
営業損益金額（営業利益）	0	-2,763,460	49,440	-4,662,880	49,440	284,440	284,440	284,440	1,584,440	1,744,440	-3,105,560	2,064,440	-4,464,060	-28.62%
営業外収支 収益 受取利息													0	0.00%
受取配当金													0	0.00%
雑収入													0	0.00%
小　計	0	0	0	0	0	0	0	0	0	0	0	0	0	0.00%
支出 支払利息割引料			10,000	10,000	10,000	10,000	10,000	10,000	10,000	10,000	10,000	10,000	100,000	0.64%
雑損失													0	0.00%
小　計	0	0	10,000	10,000	10,000	10,000	10,000	10,000	10,000	10,000	10,000	10,000	100,000	0.64%
経常利益金額（経常）	0	-2,763,460	39,440	-4,960,560	39,440	274,440	274,440	274,440	1,574,440	1,734,440	-3,105,560	2,054,440	-4,564,060	-29.26%
特別利益													0	0.00%
特別損益													0	0.00%
税引前当期純利益金額	0	-2,763,460	39,440	-4,960,560	39,440	274,440	274,440	274,440	1,574,440	1,734,440	-3,105,560	2,054,440	-4,564,060	-29.26%
法人税、住民税、事業税													0	0.00%
当期純利益金額	0	-2,763,460	39,440	-4,960,560	39,440	274,440	274,440	274,440	1,574,440	1,734,440	-3,105,560	2,054,440	-4,564,060	-29.26%
税金等 源泉所得税							115,500					429,000	544,500	3.49%
労働保険料													0	0.00%
固定資産税													0	0.00%
消費税													0	0.00%
税金等支払合計	0	0	0	0	0	0	115,500	0	0	0	0	429,000	544,500	3.49%
フリーキャッシュフロー	0	-2,763,460	39,440	-4,960,560	39,440	274,440	158,940	274,440	1,574,440	1,734,440	-3,105,560	1,625,440	-5,108,560	-32.75%
財務収支 金融機関借入　短期													0	0.00%
長期		6,000,000											6,000,000	38.46%
その他（売却等）調達													0	0.00%
借入（未収・預・仮受）													0	0.00%
財務収入合計	0	6,000,000	0	0	0	0	0	0	0	0	0	0	6,000,000	38.46%
金融機関借入　短期													0	0.00%
長期			71,429	71,429	71,429	71,429	71,429	71,429	71,429	71,429	71,429	71,429	714,290	4.58%
その他（売却等）返済													0	0.00%
返済（未払・仮払）													0	0.00%
財務支出合計	0	0	71,429	71,429	71,429	71,429	71,429	71,429	71,429	71,429	71,429	71,429	714,290	4.58%
財務収支合計	0	6,000,000	-71,429	-71,429	-71,429	-71,429	-71,429	-71,429	-71,429	-71,429	-71,429	-71,429	5,285,710	33.88%
投資収支 自己資本	2,000,000													0.00%
他社資本・投資回収														0.00%
収入（回収）合計	2,000,000	0	0	0	0	0	0	0	0	0	0	0	2,000,000	12.82%
設備投資（敷金含む）														0.00%
他社　投資														0.00%
支出合計	0	0	0	0	0	0	0	0	0	0	0	0	0	0.00%
投資収支合計	2,000,000	0	0	0	0	0	0	0	0	0	0	0	2,000,000	12.82%
当月資金過不足	2,000,000	3,236,540	-31,989	-5,031,989	-31,989	203,011	87,511	203,011	1,503,011	1,663,011	-3,176,989	1,554,011		
月初繰越現預金	0	2,000,000	5,236,540	5,204,551	172,562	140,573	343,584	431,095	634,106	2,137,117	3,800,128	623,139		
当月末現預金残高	2,000,000	5,236,540	5,204,551	172,562	140,573	343,584	431,095	634,106	2,137,117	3,800,128	623,139	2,177,150		

○○信用金庫　○○支店　当座												
○○銀行　○○支店　当座												
○○銀行　○○支店　当座												
当座残高　小計												
○○信用金庫　○○支店												
○○信用金庫　○○支店												
○○銀行　○○支店												
普通預金残高　小計												
現　金												
合　計	0	0	0	0	0	0	0	0	0	0	0	0

[図表] 1年間の予測資金繰り表（第2期）

会員 320名　（円）

2018年 月 第2期	第2期	月	月	月	月	月	月	月	月	月	月	月	合計CF	売上比率
会員加入売上	1,000,000	1,000,000	1,000,000	1,000,000	1,000,000	1,000,000	1,000,000	1,000,000	1,000,000	1,000,000	1,000,000	1,000,000	12,000,000	23.36%
会員システム維持売上	300,000	360,000	420,000	480,000	540,000	600,000	660,000	720,000	780,000	840,000	900,000	960,000	7,560,000	14.72%
会員サポート売上	500,000	600,000	700,000	800,000	900,000	1,000,000	1,100,000	1,200,000	1,300,000	1,400,000	1,500,000	1,600,000	11,000,000	21.42%
マーケティング売上													0	0.00%
セミナー収入	1,600,000	1,600,000	1,600,000	1,600,000	1,600,000	1,600,000	1,600,000	1,600,000	1,600,000	1,600,000	1,600,000	1,600,000	19,200,000	37.38%
その他 収入													0	0.00%
売上高合計	3,400,000	3,560,000	3,720,000	3,880,000	4,040,000	4,200,000	4,360,000	4,520,000	4,680,000	4,840,000	5,000,000	5,160,000	51,360,000	100.00%
原材料仕入（使用許諾料）													0	0.00%
原材料仕入高	200,000	200,000	400,000	400,000	600,000	600,000	800,000	800,000	1,000,000	1,000,000	1,200,000	1,200,000	8,400,000	16.36%
給与賃金（パート・派遣含む）														
雑給													0	0.00%
賞与													0	0.00%
退職金積立金													0	0.00%
労務費合計													0	0.00%
消耗品費													0	0.00%
賃借料	470,880	470,880	470,880	470,880	470,880	470,880	470,880	470,880	470,880	470,880	470,880	470,880	5,650,560	11.00%
保険料													0	0.00%
修繕費													0	0.00%
旅費交通費													0	0.00%
通信費（AWS）	24,000	24,000	24,000	24,000	24,000	24,000	24,000	24,000	24,000	24,000	24,000	24,000	288,000	0.56%
厚生費													0	0.00%
接待交際費													0	0.00%
諸会費													0	0.00%
研修費													0	0.00%
広告宣伝費													0	0.00%
雑費													0	0.00%
諸経費合計	494,880	494,880	494,880	494,880	494,880	494,880	494,880	494,880	494,880	494,880	494,880	494,880	5,938,560	11.56%
外注加工費（開発費）									4,000,000				4,000,000	7.79%
原価合計	694,880	694,880	894,880	894,880	1,094,880	1,094,880	1,294,880	1,294,880	5,494,880	1,494,880	1,694,880	1,694,880	18,338,560	35.71%
売上総利益（粗利）	2,705,120	2,865,120	2,825,120	2,985,120	2,945,120	3,105,120	3,065,120	3,225,120	3,185,120	3,305,120	3,305,120	3,465,120	33,021,440	64.29%
役員報酬 CEO	800,000	800,000	800,000	800,000	800,000	800,000	1,000,000	1,000,000	1,000,000	1,000,000	1,000,000	1,000,000	10,800,000	21.03%
役員報酬 CTO	600,000	600,000	600,000	600,000	600,000	600,000	800,000	800,000	800,000	800,000	800,000	800,000	8,400,000	16.36%
給与手当													0	0.00%
賞与							180,000	180,000	180,000	180,000	180,000	180,000	1,920,000	0.00%
福利厚生費													0	0.00%
法定福利費													0	0.00%
退職共済積立金													0	0.00%
備品消耗品費													0	0.00%
事務用消耗品費	140,000	140,000	140,000	140,000	140,000	140,000	140,000	140,000	140,000	140,000	140,000	140,000		0.00%
地代家賃	324,000	324,000	324,000	324,000	324,000	324,000	324,000	324,000	324,000	324,000	324,000	324,000	2,980,800	5.80%
賃借料	22,680	22,680	22,680	22,680	22,680	22,680	22,680	22,680	22,680	22,680	22,680	22,680	272,160	0.53%
修繕費													0	0.00%
保険料													0	0.00%
租税公課													0	0.00%
会議費													0	0.00%
図書新聞費													0	0.00%
旅費交通費	97,200	97,200	97,200	97,200	97,200	97,200	97,200	97,200	97,200	97,200	97,200	97,200		0.00%
諸交通費													0	0.00%
水道光熱費													0	0.00%
支払手数料			150,000										150,000	0.29%
研修費													0	0.00%
車両費													0	0.00%

営業収支

	広告宣伝費	250,000	250,000	250,000	250,000	250,000	250,000	250,000	250,000	250,000	250,000	250,000	250,000	3,000,000	5.84%
	接待交際費													0	0.00%
	リース支払													0	0.00%
	管理諸費													0	0.00%
	雑費	30,000	30,000	30,000	30,000	30,000	30,000	30,000	30,000	30,000	30,000	30,000	30,000	360,000	0.70%
	販売管理費合計	1,939,880	1,939,880	1,939,880	1,939,880	2,316,680	2,166,680	2,606,680	2,606,680	2,606,680	2,606,680	2,606,680	2,606,680	27,882,960	54.29%
	営業損益金額（営業利益）	765,240	925,240	885,240	1,045,240	628,440	938,440	458,440	618,440	578,440	-3,261,560	698,440	858,440	5,138,480	10.00%
営業外収支 収益	受取利息													0	0.00%
	受取配当金													0	0.00%
	雑収入													0	0.00%
	小　計	0	0	0	0	0	0	0	0	0	0	0	0	0	0.00%
支出	支払利息割引料	10,000	10,000	10,000	10,000	10,000	10,000	10,000	10,000	10,000	10,000	10,000	10,000	120,000	0.23%
	雑損失													0	0.00%
	小　計	10,000	10,000	10,000	10,000	10,000	10,000	10,000	10,000	10,000	10,000	10,000	10,000	120,000	0.23%
	経常利益金額（経常）	755,240	915,240	875,240	1,035,240	618,440	928,440	448,440	608,440	568,440	-3,261,560	688,440	848,440	5,018,480	9.77%
	特別利益													0	0.00%
	特別損益													0	0.00%
	税引前当期純利益金額	755,240	915,240	875,240	1,035,240	618,440	928,440	448,440	608,440	568,440	-3,261,560	688,440	848,440	5,018,480	9.77%
	法人税、住民税、事業税		70,000											70,000	0.14%
	当期純利益金額	755,240	845,240	875,240	1,035,240	618,440	928,440	448,440	608,440	568,440	-3,261,560	688,440	848,440	4,948,480	9.63%
税金等	源泉所得税							1,518,000					1,518,000	3,036,000	5.91%
	労働保険料													0	0.00%
	固定資産税													0	0.00%
	消費税													0	0.00%
	税金等支払合計	0	0	0	0	0	0	1,518,000	0	0	0	0	1,518,000	3,036,000	5.91%
	フリーキャッシュフロー	755,240	845,240	875,240	1,035,240	618,440	928,440	-1,069,560	608,440	568,440	-3,261,560	688,440	-669,560	1,912,480	3.72%
財務収支	金融機関借入　短期													0	0.00%
	長期													0	0.00%
	その他（売却等）調達													0	0.00%
	借入（未収・預・仮受）													0	0.00%
	財務収入合計	0	0	0	0	0	0	0	0	0	0	0	0	0	0.00%
	金融機関借入　短期													0	0.00%
	長期	71,429	71,429	71,429	71,429	71,429	71,429	71,429	71,429	71,429	71,429	71,429	71,429	857,148	1.67%
	その他（売却等）返済													0	0.00%
	返済（未払・仮払）													0	0.00%
	財務支出合計	71,429	71,429	71,429	71,429	71,429	71,429	71,429	71,429	71,429	71,429	71,429	71,429	857,148	1.67%
	財務収支合計	-71,429	-71,429	-71,429	-71,429	-71,429	-71,429	-71,429	-71,429	-71,429	-71,429	-71,429	-71,429	-857,148	-1.67%
投資収支	自己資本														0.00%
	他社資本・投資回収														0.00%
	収入（回収）合計	0	0	0	0	0	0	0	0	0	0	0	0	0	0.00%
	設備投資（敷金含む）					1,350,000									0.00%
	他社　投資														0.00%
	支出合計	0	0	0	0	1,350,000	0	0	0	0	0	0	0	1,350,000	2.63%
	投資収支合計	0	0	0	0	-1,350,000	0	0	0	0	0	0	0	-1,350,000	-2.63%
	当月資金過不足	683,811	773,811	803,811	963,811	-802,989	857,011	-1,140,989	537,011	497,011	-3,342,989	617,011	-740,989		
	月初繰越現預金	2,877,150	3,560,961	4,334,772	5,138,583	6,102,394	5,299,405	6,156,416	5,015,427	5,552,438	6,049,449	2,706,460	3,323,471		
	当月末現預金残高	3,560,961	4,334,772	5,138,583	6,102,394	5,299,405	6,156,416	5,015,427	5,552,438	6,049,449	2,706,460	3,323,471	2,582,482		

○○信用金庫　○○支店　当座												
○○銀行　○○支店　当座												
○○銀行　○○支店　当座												
当座残高　小計												
○○信用金庫　○○支店												
○○信用金庫　○○支店												
○○銀行　○○支店												
普通預金残高　小計												
現　金												
合　計	0	0	0	0	0	0	0	0	0	0	0	0

損益計算書 【第1期予測】

（自 平成　　年 月 日　　至 平成　　年　　月　　　日）

株式会社フックアップ　　　　　　　　　　　　　　　　　　単位：円

科　目	金　額	
売上高		15,600,000
【売上原価】	13,128,800	13,128,800
開発外注費・賃料・サーバー	13,128,800	
売上総利益		2,471,200
【販売費及び一般管理費】	6,935,260	6,935,260
人件費（法定福利費含む）	5,445,000	
地代家賃	249,480	
広告宣伝費	700,000	
租税公課	150,000	
設立費	60,780	
消耗品		
雑費	330,000	
減価償却費		
特許取得費		
繰延資産償却		
営業利益		-4,464,060
営業外収益		
受取利息		
雑収入		0
営業外費用		
支払利息	100,000	100,000
経常利益		-4,564,060
特別利益		
貸倒引当金戻入		0
特別損失		
固定資産売却損		0
税引前当期純利益		-4,564,060
法人税及び住民税等		70,000
当期純利益		-4,634,060

[図表] 3年予測PL

損益計算書 【第2期予測】

（自平成　年月日　至平成　年月日）

株式会社フックアップ　　　　　　　　　　　　　　　　単位：円

科　目	金　額	
売上高		51,360,000
【売上原価】	18,338,560	18,338,560
開発外注費・賃料・サーバー・人件費	18,338,560	
売上総利益		33,021,440
【販売費及び一般管理費】	27,882,960	27,882,960
人件費（法定福利費含む）	21,120,000	
地代家賃	3,252,960	
広告宣伝費	3,000,000	
租税公課		
支払手数料	150,000	
消耗品		
雑費	360,000	
減価償却費		
特許取得費		
繰延資産償却		
営業利益		5,138,480
営業外収益		
受取利息		
雑収入		0
営業外費用		
支払利息	120,000	120,000
経常利益		5,018,480
特別利益		
貸倒引当金戻入		0
特別損失		
固定資産売却損		0
税引前当期純利益		5,018,480
法人税及び住民税等		70,000
当期純利益		4,948,480

[図表] ３年予測BS

貸借対照表【スタートUP】

（平成　　年　　月　　日 現在）

株式会社フックアップ　　　　　　　　　　　　　　　　　　　　　　単位：円

資産の部		負債の部	
科　目	金　額	科　目	金　額
【流動資産】	5,500,000	【流動負債】	
現金及び預金	5,500,000	支払手形	
売掛金		買掛金	
商品		短期借入金	
有価証券		預り金	
未収金		未払金	
使用許諾前払費用		未払法人税等	
【固定資産】		【固定負債】	6,000,000
【有形固定資産】	0	社債	
建物付属設備		長期借入金	6,000,000
器具備品		純資産の部	
【無形固定資産】	0	科　目	金　額
特許権預託金			
ソフトウェア		【株主資本】	2,000,000
【投資その他の資産】	0	資本金	2,000,000
敷金			
投資有価証券		資本剰余金	
関係会社株式		利益剰余金	
保険積立金			
【繰延資産】	2,500,000		
開業費			
開発費	2,500,000		
その他繰延資産			
	8,000,000		8,000,000

第Ⅲ部　事例で学ぶスタートアップ

126

[図表] 3年予測BS

貸借対照表【第1期予測】

（平成　　年　　月　　日現在）

株式会社フックアップ　　　　　　　　　　　　　　　　　単位：円

資産の部		負債の部		
科　目	金　額	科　目	金　額	
【流動資産】	3,977,150	【流動負債】		
現金及び預金	2,177,150	支払手形		
売掛金	1,800,000	買掛金		
商品		短期借入金		
有価証券		預り金		
未収金		未払金		
使用許諾前払費用		未払法人税等	70,000	
【固定資産】		【固定負債】	5,285,710	
【有形固定資産】	0	社債		
建物付属設備		長期借入金	5,285,710	
器具備品		純資産の部		
【無形固定資産】	2,500,000	科　目	金　額	
特許権				
ソフトウェア	2,500,000	【株主資本】	2,000,000	
【投資その他の資産】	0	資本金	2,000,000	
敷金				
投資有価証券		資本剰余金		
関係会社株式		利益剰余金		
保険積立金		当期利益	-4,634,060	
【繰延資産】	10,000,000			
開業費		【純資産の部】	13,825,500	
開発費	10,000,000	純資産	13,825,500	
その他繰延資産				
	16,477,150		16,477,150	

[図表] 3年予測BS

貸借対照表【第2期予測】

（平成　　年　　月　　日 現在）

株式会社フックアップ　　　　　　　　　　　　　　　　　　　　　　　　単位：円

資産の部		負債の部	
科　目	金　額	科　目	金　額
【流動資産】	6,642,482	【流動負債】	
現金及び預金	3,082,482	支払手形	
売掛金	3,560,000	買掛金	
商品		短期借入金	
有価証券		預り金	
未収金		未払金	
使用許諾前払費用		未払法人税等	70,000
【固定資産】		【固定負債】	4,428,562
【有形固定資産】	750,000	社債	
建物付属設備		長期借入金	4,428,562
器具備品	750,000	純資産の部	
【無形固定資産】	12,500,000	科　目	金　額
特許権			
ソフトウェア	12,500,000	【株主資本】	2,000,000
【投資その他の資産】	300,000	資本金	2,000,000
敷金	300,000		
投資有価証券		資本剰余金	
関係会社株式		利益剰余金	
保険積立金		当期利益	4,948,480
【繰延資産】	4,000,000		
開業費		【純資産の部】	12,815,440
開発費	4,000,000	純資産	12,815,440
その他繰延資産			
	24,192,482		24,192,482

第Ⅲ部　事例で学ぶスタートアップ

128

03 成功しやすい環境でスタート

　アイデアがあるので起業したい、新たな商品・サービスを世に広めて世の中の役に立ちたい、習得した技術を頼りに店舗を出したい、資格を取って独立開業したい、と起業する動機はさまざまでしょう。

　起業する不安を乗り越えて起業できない理由は、どの事業においても、顧客が自分の提供する商品やサービスを買ってくれるかわからない。つまり売上が立てられるかわからないからです。「起業するための資金がない」とか、「人がそろわない」などの起業できない理由は、実は本質的な理由ではないと私は思っています。

　裏を返せば、起業後直ぐに売上がある環境で起業することができれば、起業して成功しやすい環境といえます。それはどんな環境かといえば、前職があり、そこから顧客をもって独立するという環境です。ですが、当然トラブルも予測でき、気の重い難関でもあります。

▌競合禁止はクリアされているか

　「今の会社は、経営方針が合わないので、独立しようと思っています。相談に乗ってもらえませんか」。業種、会社の規模を問わず、その会社のNo.2といわれている方から相談を持ちかけられることが多くあります。テレビドラマや小説の中だけのことでなく、中小規模の従業員20人から50人くらいの規模の会社でも、現実に社長とNo.2の間に確執があったり、派閥争いがあって、経営に支障を来している会社は多いようです。同族会社であれば、社長とNo.2が親子ということもあります。

　変化が激しく、生き残りをかけて会社が一丸となって同じ方向に向かわなければ、生き残りも成長も難しい経済状況です。意見の合わない経営陣

や有力者などの当事者は、そのことを頭では理解している人たちです。理解しているからこそ相手が自分の意見を理解しないことを許せなくなってしまっているともいえます。

　私の経験からすると、相談に来ていただいた時点で、経営陣の関係修復や、社長とNo.2の意見の統一は無理な状況になっているので、よくて「どう独立するかの条件をすり合わせ円満にする」ことを試みます。悪ければ、すり合わせもできずNo.2の方が退職したあと、前職の経営陣から独立後に訴訟沙汰にならないように準備するということになります。議決権のある株式の保有状況、就業規則にある退職後の競合禁止への対処、退職金の有無またはその額および支払い条件の合意など、どうしても収拾がつかない時は、提携している弁護士を通じて交渉ということになります。

　ここで紹介するのは、派遣会社の事例です。

　派遣業は人ビジネスといわれるように、派遣を依頼する会社の担当者と、派遣先で働く派遣労働者の双方から派遣元会社の営業マンが信頼を得ていないと、継続した取引きが成立せず、派遣会社は売上を安定させて成長していけません。

　派遣会社が会社としてのブランディングに成功し、会社として信用力をマーケットに示せてしまえば、営業マン一個人の動向に影響を受けることも少なくなると思いますが、中堅の派遣会社では、営業マン一個人の能力（信頼を得る力）に会社全体の売上が左右されてしまうことがあります。つまり、営業一個人が、自分の影響力を会社に示しやすいということです。会社にとっては、そういった、いわゆるできる営業マンは、期待する一方、組織として経営陣が経営方針を維持することを難しくすることがあります。会社の組織の一員として協力体制が取れなければ、独立を促進する危惧がある業種です。

　今回の事例は、そんな優秀な営業マンが、会社の社長との軋轢が生じて独立を決意した事例です。人ビジネスであるが故に、会社に信頼を寄せる

以上に一個人に信頼を寄せる派遣依頼会社の担当者と派遣労働者は、その人が会社を移れば、取引を移してしまう可能性が高い。派遣会社の社長としては、それを看過する訳にはいきません。かといって社長が一個人の意見をそのまま受け入れる訳にもいかない。信頼関係が崩れた社長と営業マンは、話し合いを重ねたうえで合意に至らない、ということで、一緒に会社を盛り立てるという解決の道は残されていないように思えました。

　優秀な営業マンではあっても、独立して経営を自分でしたことはありません。いざ、独立して自分の思い通りに経営したい！と思っても、転職ではないので、直ぐに顧客を自分の売上として確保することはできないことをまずは認識してもらいました。

　そこから、会社の設立、営業事務所の確保、労働者派遣事業許可の取得、従業員の確保に資本金の調達、開業までにやるべきことの整理と、その達成予定を確認していくと、退職しても、会社設立から労働者派遣事業許可を取得し開業までは６カ月以上かかると試算できました。６カ月以上取引先の会社担当者とも派遣労働者とも直接取引ができないということです。それでも大丈夫なのかと念を押し、覚悟もしてもらいました。

　在職している会社の就業規則を確認すると、退職後の競合禁止の期間が６カ月となっていました。そこで、最悪話し合いで円満退社とならなかったとしても、退職後６カ月は準備にかかることから退職を決意して社長に話し合いに臨んだところ、「お互い別々の道を歩んだ方がよいだろう、同業で競合になるのだろうが、協力し合えることは協力していこう」ということで最後は円満に近い退社になったそうです。

　売上をもって独立した方が起業しやすいですが、前職に理解が得られず独立を阻止されたり、訴訟沙汰になっているケースもあります。独立して起業を予定している方は、充分に前職の相手方に配慮して円満に退職して起業できるようにしましょう。

事業計画を数値化する

　直ぐに売上が見込めて独立できると直観的に思っていたところ、準備期間が必要なこともあり、想定していたより取引先の会社も派遣労働者もついて来てくれないかもしれない。売上が立たないかもしれない。資金の調達においても、前職から退社するときに経験した議決権のある株式保有の重要性から安易に他人から資本金を出してもらいたくない、との思いと、労働者派遣事業許可の財務要件をクリアしなければならない事情もあり、慎重に資金調達を行ないました。

　資金繰り表を作成し、スタートから資金繰りシミュレーションをすることができたおかげで、早期に資金ショートの時期、可能性も予測することができ、新規資金調達も適切な時期に適切な金額で対応することができました。

まとめ

　経済状況と働き方の変化は、キャリアアップからの起業を促進することでしょう。起業するなら、売上がスタート時から見込めた方がよいのは当然です。しかし、それが、前職の売上を奪うことになり、前職に残された人たちを窮地に追い込むようなことがある場合には、残された相手側への配慮も忘れてほしくないと思います。

　また、この事例の会社にあるように、許認可が必要な事業で、特に財務要件（資本金要件等）がある場合には、開業スピードを速めることに焦って、資金提供者を安易に受け入れてしまうと、せっかく自分の方針で事業を経営したいと思ってもできなくなってしまい、何のために独立したんだろう、ということになりかねません。

　事例の会社は、独立する際に資金提供者として多くの候補が手を挙げてくれる人望のある人でしたが、一緒に実働して経営していく、理念を共に

する人に限定して資本金の調達をしました。

　そして事業継続が何よりも重要だと理解して起業していますので、スタートから資金繰り表でシミュレーションを繰り返し、何があっても対応できるようにして、今では強固で余裕のある財務基盤の上で経営に邁進しています。

　これから独立を検討している皆さんにもぜひ、参考にしていただきたい事例です。

[図表] 1年間の予測資金繰り表：融資打診

		8月	9月	10月	11月	12月	
営業収入	売掛金入金			8,431,635	12,471,631	15,667,563	
	収入合計	0	0	8,431,635	12,471,631	15,667,563	
原価	スタッフ給与				6,768,676	7,556,981	
	スタッフ管理費						
	社会保険					2,300,482	
	外注（事業者）				647,784	1,457,352	
	諸経費						
	原価計	0	0	0	7,416,460	11,314,815	
	粗利益	0	0	8,431,635	5,055,171	4,352,748	
経常収支（一般管理費）	役員報酬			489,200	423,990	424,098	
	人件費						
	社会保険					72,910	
	公租公課		7,300	17,200	8,900		
	地代家賃	44,000	30,000	30,000	30,000		
	保険料						
	水道光熱費						
	旅費交通費				30,000		
	通信費	12,096	4,524	10,603	35,722		
	支払手数料			216	6,912	4,320	
	荷造運賃	5,000					
	事務消耗品	25,380	157,504	477			
	設立登記費用	292,500					
	顧問料				19,558	67,161	
	交際費						
	雑費その他				58,865		
	管理費計	378,976	199,328	547,696	613,947	568,489	
	仮払金（戻し・処理済）			58,280		104,622	
	仮払金			58,280		104,622	
	仮清算	0	0	0	0	0	
	支払利息・割引						
	その他支出						
	経常収支合計	-378,976	-199,328	7,883,939	4,441,224	3,784,259	
	労働保険料	0	0	0	717,651	0	
	税　金	0	0	0	0	0	
	税引き後利益	-378,976	-199,328	7,883,939	3,723,573	3,784,259	
財務収支（資本・借入金）	個人（資本・立替）	379,976	20,000,000			10,000,000	
	現金			57,001	47,621		
	振替（○○銀行）			624,585	486		
	振替（○○信金）						
	合　計	0	0	0	0	0	
返済	個人（資本・立替）		10,000,572	522,610	10,000,000	104,622	
	現金						
	振替（三井住友）			624,000			
	振替（芝信金）						
	合　計	0	10,000,572	1,146,610	10,000,000	104,622	
	経常外収支計	379,976	9,999,428	-465,024	-9,951,893	9,895,378	
	当月資金過不足	1,000	9,800,100	7,418,915	-6,228,320	13,679,637	
	月初繰越現預金	0	1,000	9,801,100	17,220,015	10,991,695	
	当月末現預金残高	1,000	9,801,100	17,220,015	10,991,695	24,671,332	

	8月	9月	10月	11月	12月
○○銀行		9,800,100	16,537,429	20,366,695	22,827,046
○○金庫	1,000	1,000	625,000	625,000	1,844,286
現　金	0	0	57,586		
合　計	1,000	9,801,100	17,220,015	20,991,695	24,671,332

（単位：円）

1月	2月	3月	4月	5月	6月	7月	合計
20,103,288	32,367,683	32,000,000	32,600,000	33,000,000	36,000,000	40,000,000	262,641,800
		月末入金					0
							0
		1,005					1,005
20,103,288	32,368,688	32,000,000	32,600,000	33,000,000	36,000,000	40,000,000	262,642,805
9,252,286	16,219,238	21,850,000	22,000,000	22,500,000	23,000,000	23,500,000	152,647,181
		15日支払					0
2,617,074	2,954,543	3,500,000	3,500,000	4,000,000	4,500,000	5,000,000	28,372,099
1,705,320	2,785,104	3,000,000	3,000,000	3,000,000	3,000,000	3,000,000	21,595,560
							0
13,574,680	21,958,885	28,350,000	28,500,000	29,500,000	30,500,000	31,500,000	202,614,840
6,528,608	10,409,803	3,650,000	4,100,000	3,500,000	5,500,000	8,500,000	60,027,965
424,098	424,098	500,000	500,000	500,000	500,000	500,000	4,685,484
	98,107	100,000	100,000	100,000	2,000,000	2,000,000	4,398,107
72,910	72,910	72,910	72,910	72,910	72,910	500,000	1,010,370
16,000	8,350	10,000	10,000	10,000	10,000	10,000	107,750
30,000	2,844,548	30,000	30,000	400,000	400,000	400,000	4,268,548
							0
							0
35,000	10,000	12,380	12,380	12,380	50,000	50,000	212,140
33,918	11,509	15,000	15,000	15,000	15,000	15,000	183,372
5,604	10,368	6,500	6,500	6,500	6,500	6,500	59,920
	8,740	10,000	10,000	10,000	10,000	10,000	63,740
2,696	348,612	150,000	150,000	150,000	150,000	150,000	1,284,669
							292,500
68,334	81,154	82,000	82,000	82,000	82,000	82,000	646,207
73,920	199,000	200,000	200,000	200,000	200,000	200,000	
							0
41,804	17,981	331,940	300,000	8,000,000	300,000	300,000	9,350,590
804,284	4,135,377	1,520,730	1,488,790	9,558,790	3,796,410	4,223,500	26,563,397
214,020	253,856	月末迄に支払					630,778
214,020	1,357,514						1,734,436
0	-1,103,658	0	0	0	0	0	-1,103,658
							0
							0
5,724,324	5,170,768	2,129,270	2,611,210	-6,058,790	1,703,590	4,276,500	32,360,910
0	0	0	0	0	0	0	717,651
0	0	0	0	0	0	0	0
5,724,324	5,170,768	2,129,270	2,611,210	-6,058,790	1,703,590	4,276,500	31,643,259
							30,379,976
	6,343	3月末日支払後、残高約1,000万円。					110,965
		翌15日需要資金額約2,000万円					625,071
							0
							0
0	6,343	0	0	0	0	0	31,116,012
							20,627,804
							0
							624,000
							0
0	0	0	0	0	0	0	21,251,804
0	6,343	0	0	0	0	0	9,864,208
5,724,324	5,177,111	2,129,270	2,611,210	-6,058,790	1,703,590	4,276,500	41,507,467
24,671,332	30,395,656	35,572,767	37,702,037	40,313,247	34,254,457	35,958,047	
30,395,656	35,572,767	37,702,037	40,313,247	34,254,457	35,958,047	40,234,547	41,507,467

1月	2月	3月	4月	5月	6月	7月	合計
27,230,994	29,950,613	3月末日支払後、残高約1,000万円。					
3,164,662	5,621,290	月末入金が入らなければ翌15日支払いに資金ショートの可能性あり					
30,395,656	35,571,903	0	0	0	0	0	0

[図表] 1年間の実測資金繰り表

			8月	9月	10月	11月	12月	
営業収入		売掛金入金			8,431,635	12,471,631	15,667,563	
		収入合計	0	0	8,431,635	12,471,631	15,667,563	
原価		スタッフ給与				6,768,676	7,556,981	
		スタッフ管理費						
		社会保険					2,300,482	
		外注（事業者）				647,784	1,457,352	
		諸経費						
		原価計	0	0	0	7,416,460	11,314,815	
		粗利益	0	0	8,431,635	5,055,171	4,352,748	
経常収支	一般管理費	役員報酬			489,200	423,990	424,098	
		人件費						
		社会保険					72,910	
		公租公課		7,300	17,200	8,900		
		地代家賃（保証金）	44,000	30,000	30,000	30,000		
		保険料						
		水道光熱費						
		旅費交通費				30,000		
		通信費	12,096	4,524	10,603	35,722		
		支払手数料			216	6,912	4,320	
		荷造運賃	5,000					
		事務消耗品	25,380	157,504	477			
		設立登記費用	292,500					
		顧問料				19,558	67,161	
		交際費						
		償却備品						
		諸費						
		雑費その他				58,865		
		管理費計	378,976	199,328	547,696	613,947	568,489	
	仮払金（戻し・処理済）				58,280		104,622	
	仮払金				58,280		104,622	
	仮清算		0	0	0	0	0	
	支払利息・割引							
	その他支出							
		経常収支合計	-378,976	-199,328	7,883,939	4,441,224	3,784,259	
	労働保険料		0	0	0	717,651	0	
	源泉所得税		0	0	0	717,651	0	
	税　金		0	0	0	0	0	
	税引き後利益		-378,976	-199,328	7,883,939	3,723,573	3,784,259	
財務収支	資本・借入金	個人（資本・立替）	379,976	20,000,000			10,000,000	
		現金			57,586	47,621		
		○○銀行				486		
		○○信金						
		日本政策金融公庫						
		合　計	379,976	20,000,000	57,586	48,107	10,000,000	
	返済	個人（資本・立替）		10,000,572	522,610	10,000,000	104,622	
		現金						
		○○銀行						
		○○信金						
		日本政策金融公庫						
		合　計	0	10,000,572	522,610	10,000,000	104,622	
		経常外収支計	379,976	9,999,428	-465,024	-9,951,893	9,895,378	
	当月資金過不足		1,000	9,800,100	7,418,915	-6,228,320	13,679,637	
	月初繰越現預金		0	1,000	9,801,100	17,220,015	10,991,695	
	当月末現預金残高		1,000	9,801,100	17,220,015	10,991,695	24,671,332	

		8月	9月	10月	11月	12月
	○○銀行		9,800,100	16,537,429	10,366,695	22,827,046
	○○金庫	1,000	1,000	625,000	625,000	1,844,286
	現　金	0	0	57,586		
	合　計	1,000	9,801,100	17,220,015	10,991,695	24,671,332

（単位：円）

1月	2月	3月	4月	5月	6月	7月	合計
20,103,288	32,367,683	34,561,762	38,976,008	40,608,123	49,554,330	50,000,000	302,742,023
							0
							0
	1,005	235	74,510				75,750
20,103,288	32,368,688	34,561,997	39,050,518	40,608,123	49,554,330	50,000,000	302,817,773
9,252,286	16,219,238	17,593,228	19,241,163	21,657,556	21,734,308	23,000,000	143,023,436
							0
2,617,074	2,954,543	11,380,063	6,197,440		15,721,229	8,000,000	49,170,831
1,705,320	2,785,104	2,137,320	5,527,265	3,538,188	5,270,584	5,000,000	28,068,917
							0
13,574,680	21,958,885	31,110,611	30,965,868	25,195,744	42,726,121	36,000,000	220,263,184
6,528,608	10,409,803	3,451,386	8,084,650	15,412,379	6,828,209	14,000,000	82,554,589
424,098	424,098	420,760	420,760	416,550		500,000	3,943,554
	98,107			455,770	2,071,645	300,000	2,925,522
72,910	72,910	72,910	72,910				364,550
16,000	20,700	92,600	60,000	110,600		100,000	433,300
30,000	2,874,645	30,000			229,320		3,297,965
		25,000					25,000
				29,222	43,522	30,000	102,744
35,000	45,000	55,000		5,000		50,000	220,000
33,918	22,353	44,968	34,081	94,729	74,226	100,000	467,220
5,604	10,368	7,884	21,600	17,712	477,653	20,000	572,269
	17,480	656		559			23,695
2,696	363,704	42,600	800	117,274	122,580	120,000	953,015
							292,500
68,334	81,154	108,000		1,059,142		1,060,000	2,463,349
73,920	976,780	752,756		695,292	95,040	700,000	
			323,815		702,000		
				91,429			
							0
41,804	31,231	42,935	2,098,566	462,530		500,000	3,235,931
804,284	5,038,530	1,696,069	3,032,532	3,555,809	3,815,986	3,480,000	19,320,614
214,020	253,856	1,005,697					1,636,475
214,020	454,361	2,377,578			982,764		4,191,625
0	-200,505	-1,371,881		0	-982,764	0	-2,555,150
				27,041	17,612	16,828	61,481
							0
5,724,324	5,170,768	383,436	5,052,118	11,829,529	2,011,847	10,503,172	60,617,344
0	0	0	0	0	0	0	717,651
0	0	0	0	892,935	924,838	1,000,000	3,535,424
0	0	0	0	0	0	22,428,417	22,428,417
5,724,324	5,170,768	383,436	5,052,118	10,936,594	1,087,009	-12,925,245	37,471,276
					200,000		30,579,976
		6,343					111,550
							486
							0
			9,999,784				9,999,784
0	6,343	0	9,999,784	0	200,000	0	40,691,796
							20,627,804
		864					864
							0
							0
				125,000	125,000	125,000	375,000
0	864	0	0	125,000	125,000	125,000	21,003,668
0	5,479	0	9,999,784	-125,000	75,000	-125,000	19,688,128
5,724,324	5,176,247	383,436	15,051,902	10,811,594	1,162,009	-13,050,245	57,159,404
24,671,332	30,395,656	35,571,903	35,955,339	51,007,241	61,818,835	62,980,844	
30,395,656	35,571,903	35,955,339	51,007,241	61,818,835	62,980,844	49,930,599	57,159,404
27,230,994	29,950,613	30,334,030	42,745,932	50,357,526	47,919,535	39,884,009	
3,164,662	5,621,290	5,621,309	8,261,309	11,461,309	15,061,309	10,046,590	
30,395,656	35,571,903	35,955,339	51,007,241	61,818,835	62,980,844	49,930,599	

第IV部 事例で学ぶ事業承継

経営者の高齢化による後継者不足で中小・零細企業の事業承継が注目されています。日本の企業の99％以上を占めるといわれる中小・零細企業。ここ数年、非上場会社、同族会社は減少傾向が続き、今後もこの傾向は続いていくことでしょう。

事業承継が難しいと言われる要因は、単に承継する若い世代の人がいないということではありません。中小・零細企業でも財務内容が良く、儲かっていて将来性もある、なおかつ特殊な技術も要らず、誰がやってもできる事業なら、引き継ぎたいという人や会社はきっと見つかるでしょう。

リーマンショックや震災の影響で窮地に陥った時に多額の債務を負ってしまった会社、また、仕事上のトラブル、市況の浮き沈みの際に借入れをして多額の債務が残っているなど、後継者がその債務を引き継ぐことに躊躇する財務内容である場合もあるでしょう。会社の財務状況、業界の動向という視点での企業価値という要因から、相続・贈与の税金に絡むお金の要因、経営者の資質や人望といった数値化されにくい要素の要因までもが絡み合い、さらに細かい課題が次々に山積していくため、どの業種、どの規模、どの従業員数の企業でも『次期社長は、息子の○○さんが継ぐもの』と簡単にはいかなくなっているのが実情です。

本書では、そのような事情のなかでも、事業承継を成し遂げた事例を3パターン紹介します。「損益が黒字で純資産も黒字の会社」、「損益は黒字だけど純資産はマイナスの会社」、「損益が赤字で純資産も赤字の会社」です。

損益計算書（PL）黒字で
純資産プラスの会社

　機械工具メーカーS社の社長と苦楽を共にしてきたH氏は、60歳を越え、定年がせまっていました。2008年のリーマンショックの影響でS社は、リストラクションを進めざるをえない状況に陥りました。H氏は、S社の社長と話し合いのうえで、早期退職としての退職金に加え、機械設備の貸与という支援を受けて、S社の下請けとして独立し、金属加工会社A社を立ち上げました。

　H氏は、独立当初からサラリーマンをしていた息子KをA社に呼び込み、共に従業員10人規模の会社にまで金融機関から借入をすることなく育て上げました。私は、A社が創業から3年目にかかるころ、H氏の息子Kと以前から親睦のあった縁もあり、H氏と会わせていただきました。

　A社は、S社から安定的に受注していた製品の受注部品が、製品のモデルチェンジにともなって製造ラインの変更があり、今まで貸与されていた機械では対応が不十分となり、自社で設備投資をしなければならなくなっていました。H氏は、独立する際にS社の社長から言われた「借入をするくらいなら事業をやめた方がよい」という言葉を重く受け止めていて、銀行からの借入はもとより、リースすらも躊躇していたのです。

　そこに、2011年3月11日の東日本大震災があり、S社からの受注が著しく減少するという事態に見舞われました。

　H氏は廃業も検討しましたが、半数の5人の社員の退職と共に自らも引退を決意して「息子が続けたいなら任せたい」との意向から、K氏と私で事業継続の道を目指しました。

▌手順１：準備【現在の財務状況の把握と、将来性の予測】

　会社の財務内容は、借入もなく、３年間の利益の積み増しで貸借対照表（BS）上、純資産プラス。損益計算書（PL）でも2011年３月期までは黒字。現預金には１カ月分の平均支払い総額の内部留保がある。翌期に赤字に転落するかもしれないという状況でした。

　一方で、Ｈ氏の引退と従業員５人の退職により人件費も圧縮が約束されており、受注している製品の部品が、消耗部品であることから、震災の復興により必ず受注（売上）は戻るとＫ氏は確信していました。そこで、資金繰り表を活用しながら、事業継続の可能性をシミュレーションして決意を固めて行きました。

▌手順２：人【何よりも"人"が重要】

　次は、"人"従業員の不安の解消です。Ｈ氏の様子からＡ社の将来に不安を感じて、高齢からこの機に退職を申し出る者、他社の引き抜きにあった優秀な若手社員、不安の連鎖が他の社員にも影響していきました。そして５人の退職表明。

　Ｋ氏と私は、Ｈ氏同席のもとに残った社員に現状と将来のビジョンを示し、事業をＫ氏が承継すること、事業継続は必ずできること、給与も遅配せずに出せることを示し、将来に希望を持てることを伝えました。残ってよいものか迷っていた社員も残ってくれることになりました。

　何より特筆すべきは、Ｋ氏の熱意です。普段冷静で温厚なＫ氏が顔を真っ赤にし、皆に語り掛けるその言葉は、今まで共に働いてきた仲間を失う悔しさと、残ってくれる社員への感謝で、全ての言葉に迫力がありました。魂のこもった正直な言葉は人の心に伝わり動かす力がある、そう思いました。

▎手順3：株式譲渡【贈与・相続税】

　株式の贈与については、特例がその当時あった訳ではなかったので、一般措置での猶予申告でしたが、Kの資金で納税することができました。

　その後、K氏の予測どおり受注（売上）は回復し、S社の新製品の製造ラインに合わせて機械設備はリースで導入することで対応し、受注に対応できる体制を作り事業を継続しています。H氏は引退後もたまに会社に立ち寄って様子を見ています。

　後でわかったことですが、H氏は廃業を覚悟した時に、従業員を救うべく、S社に全員雇用して欲しいとS社の社長にお願いしに行ったそうです。K氏に事業承継を決意した時には、復興して受注が出る見込みがたったら、先行してA社に発注して欲しいとお願いに行ったそうです。

　事業価値（バリュー）からの価格や、株式の贈与・相続で地位や資産分配の調整を"お金"基準で調整をつけることも困難ですが、このケースで、私は"人"の"目に見えない思い"が事業承継を成功させる要なのだと痛感しました。

02 損益計算書（PL）黒字で 債務超過に陥っている会社

　衣料品の仲卸しと自社販売も行なっているI社。友人の紹介でお会いしたのは、取締役専務として営業でトップに立ち続けているというY氏。Y氏は、拙著『あきらめるのは早すぎる』（旬報社）の読者でもありました。

　父親と共に経営に携わるも、父親が社長として財務面を管理し、資金繰り管理をしていたため、お金に関することは父親に任せていました。Y氏は営業に集中し、父親のアドバイスを受けながら売るためのノウハウを積み重ね、営業力には確固たる自信を持っていました。損益計算書（PL）では黒字が続いていたのです。

　私がY氏とお会いしたのは、父親が亡くなって1年後くらいの時期でした。事業継続を当然として株式を同族で相続し、代表取締役は母親、自分は専務としてとどまり営業に専念し、父親が亡くなっても何ら変わらない事業が継続するものと思っていたそうです。

　しかし、財務面を管理し、資金繰りを管理していた父親の役割は大きかったのです。事業にあまり携わってこなかった母親がかたちだけ代表取締役になっても実務対応ができる訳ではありません。そこで、専務として今までは営業のトップとして売上を上げることに専念できていたY氏が財務面と資金繰りに介入せざるをえなくなっていました。

　会社の（経営の）継続とは、売上があれば、今までと同じ場所、同じ人員で事業を進めているなら、昨日と同じ今日、今日と同じ明日が永遠に続くから潰れない、という訳ではありません。

　経営者や会社のキーマンの突然の死や退社による社内の変化、市況・業界動向の変化、法制度の変更などの外的条件の変化、災害等による自然が起こす不可避な要因など、さまざまな変化にさらされています。

　変化に対応せず、今が永遠に継続すると考えているのでは「運」任せであり、自ら会社を経営しているとは言えません。

　Y氏は、改めて会社の財務と資金繰りに真剣に向き合った時に愕然とした、と言います。売上を上げることに尽力し、成果と実績に自信があったのに、財務諸表に記載されている数値と実感が合致しない。「自分の会社は業歴も長く、お金の心配などそれほどしなくても大丈夫だと思っていたのに……」。

▌財務諸表を基に承継会社を経営改善

　私に会う前にY氏は何もしていなかった訳ではありません。行動力もあり、ポジティブな精神の持ち主で頭の回転も速い優秀な人です。税理士や中小企業診断士、銀行の担当者、他の経営者に相談し、巻き込みながら経営改善に向けて行動していました。行動した成果として、相談した有識者である皆さんの協力により事業が継続できていたのです。

　貸借対照表（BS）と損益計算書（PL）を基に事業計画を作成し、資金調達を優先しながら経営改善を目指していました。

　資金調達を優先して事業計画を実行していく中では、キャッシュベースの収支シミュレーションやPLの数値以上にBS項目の数値に注目が集まります。なぜなら、現預金の増加が借入によるものであるため、資産の増加があっても純粋にはみられず、純資産の増加に懐疑的になるからです。

　商品在庫や不動産を始めとする固定資産の時価（実態価格）とBSにある簿価が一致しているのか、に注目が集まっていきます。銀行としては、「BSの数値が実態とあっていない」、「純資産が本当はマイナスであった」という状況を債権管理（与信管理）では嫌います。融資実行後でもBSの適正数値の見直しを求め続けられる場合があります。

　Y氏も時価（実態価格）の見直しに監査法人のデューデリジェンス（財務諸表の精査）を士業の方や銀行から薦められ、多額のデューデリジェン

ス費用の捻出を検討していました。私は、今すぐにその必要はないと理由
とともにアドバイスをしました。

　確かにデューデリジェンスをして資産の適正価格を算出し、BSを適正
数値に修正していくことは正しいことです。ですが、財務諸表を正しくす
るために多額の費用を投じて本業の運転資金を危うくさせるのは本末転倒
だと私は考えたのです。

　仮にデューデリジェンスの結果、債権管理（与信管理）で格付けが落ち
る（今の債務が財務健全性において適正でない）と判断されたら、銀行は
適正なBSを手に入れる一方引当金を積まなければならなくなるかもしれ
ません。I社は格付けが落ちたせいで資金の再調達ができないまま、今以上
の返済を求められるかもしれません。

　債権者主導で正しさを優先することと、経営者主導で生き抜くことを優
先することが、時として相反するように見える場合があります。しかし、
債権者も経営者も互いに取引のなかで実利益を求めることでは一致するは
ずです。

　そこに、今、お互いが、お互いのためにやるべきことと、やれることの
一致がみられると思います。私がクライアントと債権者の間に立ち交渉す
るときの基本的な姿勢です。

　デューデリジェンスの必要性の可否を機にY氏は財務諸表に囚われてい
た経営視点から、資金繰りを重視する経営に視点を移しました。

▌資金繰り表の活用から承継会社を経営改善

　資金調達優先の財務諸表を基にした経営改善計画を離れて、本業の利益
から返済すること（収益弁済）に視点を変えて、経営改善計画を実行して
いくと、経営者の行動すべてが変わります。

　日々、資金調達を考え、経営とはこういうことだ、と思い込んで経営者
の苦労を口にしていたY氏は、本業の業務は今までどおりにやれていれば

大丈夫だとおざなりになっていたことに「はっ」と気づいたのです。

　本来なら経営者は日々業務の先頭に立ち、財務から、営業、人事、社内環境すべてを俯瞰して、各部署・担当者に的確な指示を出し、会社全体として売上と利益を出せる最適化を目指して行動しなければなりません。

　お金の心配は、心も体（行動）も、とらえて離さないことがあります。囚われてしまったら、本当に大切なこと、やらなければならないことに「はっ」と気付いて、本業の売上と利益を上げることに全力を尽くせる心と体（行動）に戻さなければいけません。

　Y氏は、資金調達を優先した財務諸表からの経営改善から、本業を優先した資金繰り表を活用した経営改善に意識をかえ、今は本当の意味で経営者主導の経営改善を社内においても、債権者に対しても果たしつつあります。

▌ まとめ

　債務超過の可能性がある会社の事業承継：債務超過（資産総額より、負債と自己資本の合計が上回っている状態）の場合は、借入額が事業規模に対して多すぎる状態である場合が多いのです。

　事業承継の際に、引き継ぐ会社のデューデリジェンス（財務の精査）は簡易にでも行なっておくべきです。なぜなら、承継する会社の現状を、数値上であっても資産と資金の流れが事前に把握できるからです。

　デューデリジェンスは、資金力がある会社であれば、公認会計士や監査法人に依頼してコスト（費用）をかけてでも行なっておくべき重要な事業承継の準備です。中小・零細規模の会社でも担当している税理士の方に決算数値と実態が合わないかもしれない項目を聞いて、各項目の大体の修正された数値を把握することくらいは、費用をかけずにできますから簡易にでも行なっておきましょう。

　M&Aでの事業承継：債務超過状態の会社は、よほど事業内容に価値や

将来性があったり、収支改善が見込めたりしない限りは、承継（買収）しない方がよいと判断されるでしょう。後継者対象がいる中小・零細規模の会社であっても、そのまま継続するか否かを後継者が判断する材料となります。

　ただ、デューデリジェンス結果が債務超過であっても、事業継続を優先し後継者が引き継ぐことが多いのが日本における中小・零細企業です。理由は、後継者の年齢から他の仕事を新たにやろうとは考えられない、業界や地域での評判が気になる、従業員の高齢化を考えると再就職は困難だろう、などさまざまです。

　中小・零細企業の在り方を、個の顔をみない机上の論理で判断すれば、債務超過の会社は経営者も従業員も苦労するだけなので整理し、成長分野での起業や、財務基盤のしっかりした会社に再就職した方がよい、となるのでしょう。しかし、再就職がセーフティネットとして確保できていない社会において、それは無責任で非現実的な論理だと私は思います。

　債務超過でも事業継続を優先している後継者に、収支改善から将来の希望を見いだしていく方が現実的な対処であると思っています。

損益計算書（PL）赤字で債務超過に陥っている会社

　防水工事業のS社はO社長の人柄と技術力で社内にも取引先にも信用力が高い会社です。O社長は防水工事の技術の向上を何よりも大事に考えていました。そのため、社員にも技術研修や資格取得を奨励して、会社がそのための費用も負担していました。

　建設業界の安全対策から、下請けでの受注でも、現場での安全規制強化として、現場作業員の社会保険加入、労働保険加入が必須条件とされてきています。

　他の同規模の下請け業者が日給月給で人件費とし、社会保険加入や労働保険加入に関心が低かった時から、S社は、下請け業者であっても社会保険と労働保険に全社員を加入させ厳しい資金繰りのなかでも遅滞することなく納付していました。

　受注営業においても、「仕事が欲しい時には1日必死で歩いてみれば、必ず1件、2件の話はもらえるはずだ」と営業力に自信も持っていましたし、取引先担当者とのコミュニケーションを深めることも大事にしており、交際費も経営において重要な支出だという認識でした。

　ただ、O社長は、持病に心臓病をもっていて、体調が悪くなると歩くのも辛くなる体だっだのです。

　私のところに相談に来られたときは、義理の息子A氏と一緒でした。A氏はまったく異なる業界の営業職から、O社長の人柄と事業内容に惹かれS社に取締役として（後継者候補として）入社したのです。A氏は取締役として入社してまだ1年くらいしかたっていませんでした。

　知人の紹介で相談に来たO社長がいうには、「資金繰りに窮して、資金調達を取引銀行へお願いしたが、断られてしまった」とのことでした。

直近の財務諸表では損益計算書（PL）赤字、貸借対照表（BS）では実質
債務超過（帳簿上は純資産500万円以上あります）でした。

　銀行への返済は、返済条件の変更（リスケジュール）はしていませんで
した。私に相談に来る前から資金繰りが厳しい中にあって、リスケジュー
ルで返済条件を緩和してもらう方法は知っていたし、薦められもしたそう
です。

　しかし、一方で「リスケジュールをしたら、もう二度と融資は受けられ
なくなる」と聞いた。「銀行にそんなお願いをして応じてくれなかったら
倒産して破産するしかない」「良くしてくれる銀行の担当者に迷惑をかけ
られない」といった思いと不安からリスケジュールを申請しなかったとい
うのです。

　資金繰りも厳しい状況が続いていたので、O社長は、「もう事業を廃業
して破産するしかないか、とも思うが、従業員も少ないとはいえ5人抱
え、その従業員には家族もある。A氏も自分の後継者候補として取締役と
して入社してもらったばかり。A氏には近々子どもが生まれる。仕事はあ
る。何とか事業を続ける方法はないだろうか」というのです。

　まずは、融資で資金調達ができない中にあって、資金繰りで支払い優先
順位を見直して事業を続ける方法を模索することで、銀行には『経営改善
計画書』を作成してリスケジュールをお願いする決断をしていただきまし
た。各借入先銀行から承諾を得て、事業を継続して再建を目指すこととな
りました。

▌社長の死

　リスケジュールにより当面の支払いは、手持ち資金と本業の収支のなか
で遅れることなく支払いました。いや、支払ってしまったのです。手持ち
資金をどんどん減らしてしまいました。

　今までは、支払資金が不足したときには融資による資金調達でしのいで

いたのですが、今はできません。本業（事業収支）のなかで現金をストックできるようにしなければならないのです。

　売上をさらに上げる、入金予定を管理する精度をあげることはもとより、具体的に取引条件を見直していかなければならないのです。受注先には入金までの期日（サイト）を縮めてもらう。仕入先には支払いサイトを延ばしたり、分割にしてもらう。納税を分割にしてもらう等、翌月繰越資金を月次予定売上と同額程度にできるように、事業を棄損しない範囲でできることをしなければならないのです。

　しかしＯ社長は、取引先や税務署にそんな話をするくらいなら辞めてしまった方がよい、とにかく受注を増やしてお金を作ればよいんだ、と病をおして信念を貫こうと頑張ってしまいました。

　そして、事業が継続できている安堵と、信念を曲げない無理が高じたのか入院生活を経て亡くなってしまいました。

▎事業を承継するか廃業するか

　カリスマのＯ社長が亡くなってしまった後、Ｏ社長の遺族とＡ氏を筆頭とした社員はそれぞれに悩み、相談する機会を持ちＳ社を継続するか廃業するかを決めかねていました。

　大規模修繕にともなう大型案件も受注してきたため、建設業許可の再取得も問題になります。実質後継者として取締役になっていたＡ氏はまだ同業界での実績年数が許可要件に達していません。Ｏ社長が営業の第一線にいて受注してきたため、今後の受注も不安があります。株式の相続においても借金が多いため相続人は相続したくありません。資金繰りが厳しいことを知っている社員も給与が上がる希望はしばらく持てません。Ａ氏は子どもが生まれたばかりで将来が不安です。

　客観的にみれば廃業して、それぞれに新たな道を歩んだ方がよいように思う人が多いでしょう。

割り切れるものではない

それぞれの不安は、それぞれへの思いやりが事態を動かしました。「S社を継続する！」との結論を全員で出したのです。

綺麗ごとのように思うかもしれませんが、O社長の奥様は、A氏とS社の5人の社員とその家族を思いやり、S社の社員はO社長の遺族とO社長への感謝と恩義に思いをいたし、A氏はすべてを受け止める覚悟をもって関わる全ての人を思いやったのです。

そんな綺麗ごとを嫌う人でも理解できることがあるとすれば、O社長の亡き後、新しい環境、新しい収入を直ぐに手に入れられるかの不安より、現状を継続する方が安心という気持ちが勝ったのだ、と解釈してもよいでしょう。

結果は、損益計算書（PL）赤字、貸借対照表（BS）実質債務超過の会社を事業承継することを全員で決めたということです。

事業承継後に再建の活路を見いだす

建設業許可更新と、株式と借金の相続はO社長の奥様が総て引き継ぐ形でクリアになりました。

A氏が営業と経営全般の陣頭指揮を執ることで、S社の社員も新たな活力を得てやる気になり、受注取引先も仕入先も、協力会社も銀行の担当者も、皆さんから「O社長には世話になった。力になれることがあったら喜んで協力する」といっていただいたとのことです。

それから、A氏とともに資金繰り表を活用して事業の見直しを実行していきました。具体的には、O社長のときには信念が強くてできなかった取引先への入金・支払の期日（サイト）と取引条件の交渉をA氏が実行していきました。

特に仕入先への支払い条件は、年間受注予測を基に年間仕入予定額を

ベースに支払条件を毎月一定額で約束し、ひと月に数百万の支払手形の決済が一気にくるようなことのないようにしてもらうことで、資金繰りの仕入支払額を年間通じて安定させることに成功しました。

一方、受注入金条件やサイトをS社主導でコントロールすることで、資金繰りをより安定させることができるようになりました。

また、O社長のような長年の実績と信用に基づくカリスマ性を持ち合わせていないA氏は、持ち前の営業力で新規受注取引先の開拓を推進しています。

今では、A氏の活躍により新たな受注先を得て、新たなS社を作り上げています。そして、それによってO社長の奥様や遺族、取引先、従業員とその家族は、収入源が途絶えることなく生活が守られているのです。

▌ まとめ

カリスマ社長の逝去、財務諸表でPL赤字、BS実質債務超過、多額の借金なら会社をたたんだ方がよいのではないかと思う人は多いでしょう。たたむべきだと主張する人もいるかもしれません。

しかし、S社とそれにかかわる人たちのように、S社を継続することに希望を持ち、技術を磨き、安定と安心を求め、自己より他を守ることを第一義に思い、行動することで自らを守っている人たちがいます。

長年生活基盤を支えてきた環境と仕事を失うことは、現実的には受け入れがたいほど厳しいものです。今の延長線上の努力で、復活や改善を目指す方が、全てを失って新たに始めるより受け入れやすいと感じる人も多いのです。

そういった人たちでも、生きていける社会環境を整備することの方が、儲からないなら辞めて、儲かる方に行けばよい、と投げだす社会環境にしてしまうよりずっとよいし、現実的だと私は思います。

第Ⅳ部　事例で学ぶ事業承継

153

[図表] 第1期 資金繰り表 実績・計画

(円)

○○○○年○月 第○○期	1月	2月	3月	4月	5月	6月	7月	8月	9月	10月	11月	12月	合計CF	売上比率
A部門売上													0	0
B部門売上													0	0
C部門売上													0	0
その他 収入													0	0
売上高合計	0	0	0	0	0	0	0	0	0	0	0	0	0	0
原材料仕入	0	0	0	0	0	0	0	0	0	0	0	0	0	0
原材料仕入高合計													0	0
賃 金													0	0
雑 給													0	0
賞 与													0	0
退職共済積立金													0	0
労務費合計	0	0	0	0	0	0	0	0	0	0	0	0	0	0
消耗品費													0	0
地代家賃													0	0
賃借料													0	0
保険料													0	0
修繕費													0	0
旅費交通費													0	0
通信費													0	0
厚生費													0	0
会議費													0	0
水道光熱費													0	0
車両費													0	0
租税公課													0	0
接待交際費													0	0
諸会費													0	0
研修費													0	0
広告宣伝費													0	0
雑 費													0	0
諸経費合計	0	0	0	0	0	0	0	0	0	0	0	0	0	0
外注加工費	0	0	0	0	0	0	0	0	0	0	0	0	0	0
外注加工費合計	0	0	0	0	0	0	0	0	0	0	0	0	0	0
原価合計	0	0	0	0	0	0	0	0	0	0	0	0	0	0
(粗利) 売上総利益	0	0	0	0	0	0	0	0	0	0	0	0	0	0
役員報酬													0	0
給与手当													0	0
賞 与													0	0
退職共済積立金													0	0
備品消耗品費													0	0
事務用消耗品費													0	0
地代家賃													0	0
賃借料													0	0
保険料													0	0
修繕費													0	0
寄付金													0	0
租税公課													0	0
諸会費													0	0
図書新聞費													0	0
厚生費													0	0
旅費交通費													0	0
通信費													0	0
水道光熱費													0	0
支払手数料													0	0
研修費													0	0
自動車費													0	0

営業収支

	広告宣伝費
	接待交際費
	管理諸費
	雑費
	販売費管理費合計
	営業損益金額（営業利益）
営業外収支	受取利息
収益	受取配当金
	雑収入
	小計
支出	支払利息割引料
	雑損失
	小計
	経常利益金額（経常）
	特別利益
	特別損失
	税引前当期純利益金額
	法人税、住民税、事業税
	当期純利益金額
税金等	源泉所得税
	社会保険料
	労働保険料
	固定資産税
	消費税
	税金等支払合計
	フリーキャッシュフロー
財務収支	短期（金融機関借入）
	長期
	その他（売却等）調達
	借入（未収・預・仮受）
	財務収入合計
	金融機関借入 短期
	長期
	その他（売却等）返済
	返済（未払・仮払）
	財務支出合計
	財務収支合計
投資収支	A社 増資
	B社 回収
	収入 合計
	設備投資
	B社 投資
	支出合計
	投資収支合計
	当月資金過不足
	月初繰越現預金
	当月末現預金残高

○○信用金庫 当座		
○○銀行 ○○支店 当座		
○○銀行 ○○支店	当座残高 小計	
○○信用金庫 ○○支店 支払		
○○信用金庫 ○○支店		
○○銀行 ○○支店	普通預金残高 小計	
現 金		
合 計		

155

[著者紹介]

大森雅美 (おおもり・まさみ)

事業再生を得意とする経営コンサルタント。1970年生まれ。神奈川大学法学部卒業。
株式会社アセットアシストコンサルタントのCEO兼統括コンサルタントとして日々
活動中。著書に『あきらめるのは早すぎる──大森雅美の目からウロコの事業再生術』
(2012年、旬報社)、『銀行から融資を受ける前に読む──資金繰り表を活用した事業再
生術』(2015年、旬報社)。

●株式会社アセットアシストコンサルタント
　〒101-0032 東京都千代田区岩本町3-11-8 イワモトチョウビル223
　Tel：03-5823-1216　Fax：03-5823-1226
　ホームページ：http://aa-c.co.jp/　e-Mail：info@aa-c.co.jp

〔増補版〕**使える！ 資金繰り表の作り方**
〈起業▶成長▶衰退▶再生▶事業承継〉会社のステージに合わせた経営管理を

2020年1月25日　初版第1刷発行

著　者	大森雅美	
装　丁	河田　純／斉藤有紀（株式会社ネオプラン）	
組　版	天川真都（株式会社ネオプラン）	
発行者	木内洋育	
発行所	株式会社旬報社	
	〒162-0041 東京都新宿区早稲田鶴巻町544 中川ビル4F	
	TEL 03-5579-8973（代表）　FAX 03-5579-8975	
	ホームページ http://www.junposha.com/	
印刷製本	中央精版印刷株式会社